JN095058

コリントの信徒への手紙二
講解〔上〕1–5章

袴田康裕［著］

教文館

目次

一章一―三節

慰めを豊かにくださる神

神の御心によってキリスト・イエスの使徒とされたパウロと、兄弟テモテから、コリントにある神の教会と、アカイア州の全地方に住むすべての聖なる者たちへ。わたしたちの父である神と主イエス・キリストからの恵みと平和が、あなたがたにあるように。

わたしたちの主イエス・キリストの父である神、慈愛に満ちた父、慰めを豊かにくださる神がほめたたえられますように。

この朝から、コリントの信徒への手紙二に入ります。この手紙は、新約聖書の中でも、研究者たちによって激しい議論のある書物です。この手紙の著者がパウロであることを疑う人はいません。しかし、この手紙がもともと一つの手紙なのかという問題があります。いくつかの手紙が、最終的にこうして一つに編集されたのではないかという意見があり、さらに、そのいくつかの手紙ということをめぐって、本当にさまざまな意見があります。

この手紙を解釈する上で、こうした問題を避けることはできません。そこで今日は、この手紙の学びの第一回目ですので、パウロとコリント教会の関係の歴史について、またパウロが書いた手紙について基本的なことを確認しておきたいと思います。学者の意見はさまざまですが、基本的に穏健で、最も受け入れやすい意見に従っておきたいと思います。

パウロは第二次伝道旅行で初めてコリントに行きました。アクラとプリスカ夫妻と出会い、彼らの協力の中で宣教しました。使徒言行録一八章一一節によると、一年六か月コリントに滞在して伝道しました。こうしてコリント教会が生まれました。

パウロはその後、エフェソを経て、カイサリア、エルサレム、アンティオキアに戻って行きました。第二次伝道旅行はそれで終わりになります。

その後パウロは、第三次伝道旅行に出発しました。そしてエフェソに二年間滞在しました（使徒一九・一〇）。この間に、パウロとコリント教会の間には、さまざまなやりとりがありました。

パウロはここでコリント教会宛に一つの手紙を書きました。これは、現在失われています。コリントの信徒への手紙一の五章九節にはこうあります。

「わたしは以前手紙で、みだらな者と交際してはいけないと書きました」。

ここにある「以前の手紙」というのが最初の手紙です。この手紙でパウロは「みだらな者と交際してはいけない」と書いたのですが、それをコリントの信徒たちは、ノンクリスチャンの世界と一切接触してはいけないという意味だと誤解したようです。

さらにエフェソにいるパウロのもとに、コリントからの訪問者がありました。第一の手紙の一章一一節に記されていたクロエの家の人たち、さらに一六章一七節のステファナ、フォルトナト、アカイコです。彼らによってコリント教会の状態が知らされました。

またコリント教会から、パウロに宛てた手紙も届いていました。この手紙の中で、彼らはいくつかの事柄について、具体的には、結婚のこと、偶像に供えられた肉のこと、霊的賜物のことなどについて、パウロの指示を仰ぎました。

こうした背景の中で、パウロが書いたのがコリントの信徒への手紙一でした。書かれたのは紀元五四年の春です。パウロはその手紙の中で、「以前の手紙」の誤解を解き、訪問者たちがもたらしてくれた情報に答え、コリントの信徒たちからの手紙による問い合わせに答え、また、パウロの働きに対する批判にも答えたのです。

その後、パウロがコリントに遣わしていたテモテが帰ってきました。彼の報告を受けてパウロは、マケドニア経由でコリントに行く計画を変更して、ただちにコリントに直行しました。

しかしこの時、パウロは特定の人から辛らつな攻撃を受け、しかも教会全体が必ずしもパウロを支持しませんでした。パウロは傷つき、一旦マケドニアに身を引き、その後コリントにもう一度行く予定でしたが、それは益にならないと判断して、エフェソに戻りました。このパウロのコリント訪問については、使徒言行録には記録がありませんが、彼の手紙からそれは明らかです。

こうしてパウロはエフェソに戻りました。そしてコリント教会に宛てて手紙を書きました。コリントの信徒への手紙二の二章四節に「わたしは、悩みと愁いに満ちた心で、涙ながらに手紙を書きました」とあります。「涙の手紙」とも呼ばれるものですが、これも失われてしまい、現存していません。

その「涙の手紙」ですが、パウロはその中で、かなり厳しいことを書いたようです。先のコリント訪問でパウロを傷つけた人物に対して、教会が適切な処置を行うように求めました。そしてこの「涙の手紙」をテトスがコリントに届けるべく派遣されました。

この手紙がコリントの信徒たちにどのように受け止められるか、パウロはかなり心配したようです。テトスとはトロアスで落ち合う予定でしたが、彼が来ないため、パウロはマケドニアに渡り、そこでテトスと出会いました。

パウロはテトスからコリント教会の状況を聞きました。それによれば、「涙の手紙」は効果があり、彼らがパウロに対する愛情を示していると知りました。パウロはそのことを聞いてとても喜びました。そして安堵の気持ちの中で一通の手紙を書きました。それがコリントの信徒への手紙二の一章から九章です。紀元五五年の春に書かれたと思われます。

しかしコリント教会の状況は再び深刻になりました。パウロは直近の手紙で、いわゆる「偽使徒たち」を攻撃したのですが、彼らはそれに対してより激しくパウロを攻撃するようになりました。そして教会は、その彼らの影響を深く受けるようになっていました。

そこでパウロは再び手紙を書きました。五五年の夏です。それがコリントの信徒への手紙二の一〇章から一三章です。非常に激しい語調の手紙であり、コリント教会に対するパウロの最後の手紙です。その後パウロはコリントを訪問し、五五年から五六年の冬をそこで過ごしました。この期間に、コリント教会の諸問題は当面の解決を見ることになったのです。

以上が、パウロのコリントの信徒への手紙の背後にある歴史です。手紙の背後には、パウロとコリント教会との生きた歴史がありました。きれいごとではない、生々しい歴史がありました。パウロは傷つけられて涙することも、激しく怒ることもありました。そのような生身の人間を用いて、神は御自身の御業をなさるのです。

聖書は神の言葉ですが、同時にそれは人間の言葉です。とりわけコリントの信徒への手紙には、人間の喜びや悲しみや苦しみがそのまま出てきます。とても人間的な手紙です。しかしそうした手紙が、神の御心を伝えるのに用いられています。

神の言葉は、きれいごとを語るものではありません。むしろ人間の生の現実の中で、神の御心を示すのであり、それゆえに、私たちの現実の生活に届くものなのです。


この手紙の冒頭の部分は、当時の書簡で習慣になっていた基本的な三つの要素を含んでいます。第一が発信人の名前、第二が受取人の名前、第三が挨拶文です。

発信人は「神の御心によってキリスト・イエスの使徒とされたパウロと、兄弟テモテ」です。

パウロは自らのことを「キリスト・イエスの使徒」と称しています。これがパウロの基本的な自己紹介の言葉でした。とりわけ、コリント教会ではしばしばパウロの使徒職が問題とされましたので、パウロは明確に自らが使徒であることを示しています。それもあくまで「神の御心によって」使徒に立てられたことを明記しています。

イエス・キリストの使徒とは、復活のイエス・キリストと出会い、その主によって福音を委ねられた者です。パウロは決して、自分から使徒になったのではありません。彼はもともと熱心なユダヤ教徒で、キリスト教会を迫害する者でした。しかし、教会を迫害するためにダマスコに向かう途上で、イエス・キリスト御自身が彼に出会い、そして彼を使徒として召してくださいました。

それはパウロにとっても、誰にとっても予想できない人生の大転換でした。誰よりもキリスト教会を熱心に迫害していたパウロが、今度は誰よりも熱心にイエス・キリストは救い主であると証言する伝道者になりました。彼の人生はまさに一八〇度変わりました。

パウロは決して、自分の計画や意志の力でイエス・キリストの使徒になったのではありません。ただ、神の選び、神の御心によるものでした。神の御心によって、復活のイエス・キリストと出会い、使徒として召されました。そして使徒として召された後は、ペトロをはじめとする使徒たちと同等の権威を持つ者としての強い自覚を持っていました。

コリント教会でしばしば、パウロの使徒としての権威が問題とされました。彼が使徒としての権威を主張することができるのか、と疑う者たちがいました。それに対してパウロは、自分は「神の御心によって使徒とされた」のであり、自らの職務も派遣も神の意志によると明言しているのです。

パウロと共に連名で発信人になっているのがテモテです。コリントの信徒への手紙一の中には、すでにテモテがコリントに向かっていること、そしてまもなく到着するテモテのための配慮を求める言葉が記されていました（一六・一〇）。そのテモテも、この第二の手紙の冒頭部分を書き始める頃には、パウロのもとに戻っていました。

テモテはパウロによってキリスト教信仰に導かれた人ですが、その後、パウロのまさに助手的な働き人になりました。パウロは彼を厚く信頼し、「同労者」と呼んでいます。それゆえパウロは、連名差出人としてしばしばテモテの名前を挙げています。

次に手紙の受取人です。一節後半には「コリントにある神の教会と、アカイア州の全地方に住むすべての聖なる者たちへ」とあります。

パウロはコリント教会のことを「神の教会」と呼んでいます。コリントには深刻な多くの問題がありました。しかし彼は依然としてコリントの群れを「神の教会」と呼びます。「神の教会」とは、神が所有しておられる教会であるということです。また、神がお造りになった教会である、ということです。

教会とは、信仰を同じくする人たちが単に集まっている人間集団ではありません。この世にもさまざまな集団がありますが、それぞれに共通の利害や関心によって集団を形成しています。教会は、その共通の関心が信仰である単なる集団なのかといえば、そうではありません。

教会は何より神が所有されるものです。神のものです。決して、人のもの、人の所有ではありません。誰もそれを主張することはできません。

教会は神がお造りになったものです。私たちはしばしば「私の教会」という言葉を使います。「○○教会は私の教会だ」と言います。それは多くの場合、自分の所属している教会に対する愛の現れですから、この表現は間違いではありません。

しかし、根源的には教会は神のものです。それゆえ、神の主権が貫かれるべきところです。教会を人間のもの、自分たちのものと考えてはなりません。そう考えれば、自分たちの思い通りにならないと気がすまないということも起こってきます。教会が、単に信仰を同じくする人たちの人間集団になってしまいます。神を礼拝し、神に仕えるべき場である教会が、人に仕え、人にサービスするだけの場所になってしまいます。そうなってはなりません。

教会はどこまでも「神の教会」です。神が建てられ、神が生きて働かれる場です。その神を礼拝し、神に仕える場が教会なのです。

受取人にはさらに、「アカイア州の全地方に住むすべての聖なる者たちへ」とあります。コリントはアカイア州の首都でありました。コリントの教会を中心として、アカイア地方の信仰共同体には交わりと一体感があったのでしょう。「諸教会」ではなく、「聖なる者たち」という言葉を使っているのは、まだこの地方の群れが集会として組織化していなかったことを意味しているのかもしれません。

いずれにせよコリント周辺のキリスト者たちは孤立せずに、共同体との交わりの中にありました。ですからパウロがコリント教会に送る手紙は、全アカイアの信徒に宛てる手紙でもあったのです。


二節が挨拶文です。

「わたしたちの父である神と主イエス・キリストからの恵みと平和が、あなたがたにあるように」。

パウロは挨拶の言葉として、「父なる神と主イエス・キリストからの恵みと平和」を祈りました。「恵み」とは、与えられる資格がないにもかかわらず、与えられるもののことです。

神が私たちにしてくださることはすべて「恵み」です。私たち人間には、神に何かをしていただく資格や権利はありません。私たちは神の被造物です。その被造物である私たちが、創造者である神に何かを要求する権利はありません。

それどころか私たちは単なる被造物であるのではなく、神に背き、逆らう性質を持つ罪人です。神を悲しませ、傷つけることばかりしてしまう者たちです。そのような者たちが、どうして神から良くしていただくことができるでしょうか。神は義なる方、聖なる方ですから、罪人である私たちは裁かれて当然です。

そのように、私たちは本来、神から良くしていただく資格は全くない者たちです。しかしその私たちに対して、神は恵み深くあられるのです。

神の恵みの最大のものはもちろん、罪の赦しです。イエス・キリストの贖いのゆえに、ただ恵みによって、私たちの罪を赦してくださいました。私たちを神の子としてくださいました。さらに神は、私たちを神の子どもとして愛し、多くの具体的な恵みを注いでくださいます。

このように、私たちの希望はただ神の恵みにあります。ですからパウロはまず、その神の恵みが豊かにあるようにと祈るのです。

さらにパウロは「平和があるように」と祈っています。この言葉は「平安」と訳されることもあります。「平安」と訳されますと、心の平静、安堵の気持ちを意味しますが、この言葉は単に心の問題を言っているのではありませんから、「平和」と訳すのが良いと言えます。

この「平和」とは、何よりも神と人間の関係を意味する言葉です。「平和があるように」とは、「あなたと神との間に平和がありますように」という意味です。

ローマの信徒への手紙五章一節にはこうあります。

「このように、わたしたちは信仰によって義とされたのだから、わたしたちの主イエス・キリストによって神との間に平和を得ています」。

神との間の平和は何によって実現するのか、それは信仰によって義とされることによるとパウロは言っています。罪人と神の間には、敵意があります。神は罪を憎まれます。ですから罪人は神との間に平和を得ていません。

しかし、イエス・キリストの十字架の贖いによって、そのキリストを信じることによって、敵意が廃棄されます。イエス・キリストによって、神との間に和解が成立して、平和が実現するのです。

真の平和はここにあると聖書は語ります。そして神との和解という平和から、心の平安も、充足も生まれてきます。神との平和こそが祝福の源です。それゆえパウロは挨拶において、この神との和解に基づく平和がさらに豊かなものとなることを祈っているのです。

パウロは「わたしたちの父である神と主イエス・キリストからの恵みと平和が、あなたがたにあるように」と祈りました。神の恵みと、神との和解こそが、人間のすべての望みの源であるからです。

人間自身のこと、私たち自身のことが第一に問われるのではありません。それが第一に問われるなら、すなわち、私たちが神の恵みに相応しいのか、その資格があるのかが第一に問われるなら、私たちには希望はありません。

しかしそうではありません。変わることのない神の恵みと、イエス・キリストの贖いによる平和に土台があります。そこに私たちの揺るがない土台があります。

私たち自身は弱く、頼りない者たちです。確かな土台を自分自身の内に持つことはできません。しかしその確かさは、神の恵みにあります。イエス・キリストにおいて現された、神の愛にあります。ですから、私たちは揺らぐことのない堅固な土台の上に、安心して歩んでいくことができるのです。

以上の一節、二節が冒頭の挨拶の部分です。三節から本文に入ります。パウロはまず神に対する感謝と賛美の言葉を述べています。

「わたしたちの主イエス・キリストの父である神、慈愛に満ちた父、慰めを豊かにくださる神がほめたたえられますように」。

原文では冒頭に「ほむべきかな」という言葉が来ています。パウロは喜びと感謝に溢れて、心の底から神を賛美しました。それは、最初に話しましたように、テトスからコリント教会の状況が好転したことを聞いて、感謝に溢れたからだと思います。

パウロはここで三つの表現を用いて、神をたたえています。第一が「わたしたちの主イエス・キリストの父である神」です。私たちの神は単なる創造者、全能者ではありません。私たちの神は、イエス・キリストの父なる神です。救い主イエス・キリストを賜ってくださった父なる神です。この点が何より重要です。

私たちはどうやって神を知ることができるのでしょうか。聖書が繰り返して教えているのは、イエス・キリストを通してであるということです。愛する御子をこの地上に送り、十字架につけてまで、私たちを救おうとしてくださった方。それが私たちの神です。このイエス・キリスト抜きに神を考えることは、正しい神の知り方ではありません。

私たちの神は、顔のない恐ろしい全能者ではありません。私たちの神は、イエス・キリストの父なる神です。キリストの光の中で神を知ること、それが神を知る唯一の正しい方法なのです。

それゆえ第二に、神は「慈愛に満ちた父」です。慈愛というのは、単なるやさしさということではありません。御子イエス・キリストの犠牲によって私たちを救ってくださった、そこに表された神の憐れみを指しています。そのような慈愛に満ちた神です。

第三が「慰めを豊かにくださる神」です。この慰めについては、次回の説教で丁寧に学ぶことにします。

「慰め」と訳されている言葉「パラクレーシス」は、「傍らに」を意味する「パラ」と、「招く」「呼ぶ」という意味の動詞「カレオー」の名詞形から成っています。つまり、神は私たちの傍らにいて呼びかけてくださるお方であられるということです。どんな状況にあっても、傍らにいてくださり、招いてくださり、呼びかけてくださるお方。それが私たちの神です。そして、苦難の中にあっても、力づけ、慰めてくださる方です。パウロはローマの信徒への手紙の中で、神を「慰めの源」と呼びました（ローマ一五・六）。

私たちの神、イエス・キリストの父なる神は、慰めの源なるお方です。御子を与えるほどに愛してくださった神が、必要な慰めを与えられないことはありません。いつも傍らにいて、慰めてくださる。それが私たちの神なのです。

その神と共に生きることにまさる幸いはありません。私たちの喜びと希望はまさに、ここにあるのです。

一章三―七節

慰めを共にする民

わたしたちの主イエス・キリストの父である神、慈愛に満ちた父、慰めを豊かにくださる神がほめたたえられますように。神は、あらゆる苦難に際してわたしたちを慰めてくださるので、わたしたちも神からいただくこの慰めによって、あらゆる苦難の中にある人々を慰めることができます。キリストの苦しみが満ちあふれてわたしたちにも及んでいるのと同じように、わたしたちの受ける慰めもキリストによって満ちあふれているからです。わたしたちが悩み苦しむとき、それはあなたがたの慰めと救いになります。また、わたしたちが慰められるとき、それはあなたがたの慰めになり、あなたがたがわたしたちの苦しみと同じ苦しみに耐えることができるのです。あなたがたについてわたしたちが抱いている希望は揺るぎません。なぜなら、あなたがたが苦しみを共にしてくれているように、慰めをも共にしていると、わたしたちは知っているからです。

一章三節から七節の御言葉の主題は「苦難と慰め」です。ここでは「苦難」「苦しみ」という言葉が七回出てきます。そして「慰め」という言葉が一〇回出てきます。この短い五節の中に、「苦難」「苦しみ」という言葉と、「慰め」という言葉が繰り返して出てきます。それゆえ苦難の問題、また慰めが、ここの主題であるのは明らかです。

三節でパウロはまず神をほめたたえています。

「わたしたちの主イエス・キリストの父である神、慈愛に満ちた父、慰めを豊かにくださる神がほめたたえられますように」。

パウロは心から神を賛美することから、手紙の本文を書き始めています。私たちの神は、唯一の創造者であられ、全知全能の主です。しかし単なる絶対者ではあられません。私たちの神は何よりも、主イエス・キリストの父なる神です。神は主イエス・キリストを通して、御自身を明らかにしてくださいました。

神が絶対者であられ、私たちが全く無力な被造物だとすれば、私たちは神を畏れるほかありません。確かに神は絶対者です。しかし、神は御自身がどんなお方であられるかを、御子イエス・キリストを通して明らかにしてくださいました。

愛するひとり子を地上に送り、私たちを救うために十字架につけられたほどに、私たちを愛してくださるのが、私たちの神です。私たちは、絶対者なる神を、そのような神として知ることができます。そして、そのように知ることが、私たちに求められている神の正しい知り方なのです。

ですから神は、「わたしたちの主イエス・キリストの父である神」と同時に、「慈愛に満ちた父」です。御子によって私たちを救ってくださったほど、私たちを慈しみ憐れんでくださる方です。

さらにパウロは神のことを「慰めを豊かにくださる神」と呼んでいます。この「慰め」と訳されている言葉には「傍らに招く」という意味があります。

神は遠くにいて、遠くから同情してくださるのではありません。神が傍らに招いてくださる。いや、神御自身が私たちに近づいて、共にいてくださり、味方になってくださる。それがここで言う「慰め」の意味です。

聖霊なる神は「慰め主」と言われますが、それも同じ言語から生じている言葉です。御霊なる神が、私たちと共にいてくださる。そのことによって与えられる慰め、それが真の慰めです。

ですから、人間が本当に必要とする慰めは、人間から来るのではなく神から来ます。神こそが、人間のすべての慰めの源です（ローマ一五・五）。この慰めと苦難の問題が、四節から七節で展開されています。

第一にパウロが語るのは、神は苦難の中で慰めを与えてくださるお方である、ということです。四節前半には「神は、あらゆる苦難に際してわたしたちを慰めてくださる」とあります。これはまさにパウロが自らの経験を通して、確信していたことでした。

パウロは実に多くの苦しみを経験してきました。自らの苦しみの体験への言及が、この手紙の中にはいくつかあります。一一章二三節以下でその経験が語られていますが、その後半の二六節から二八節にはこうあります。

「しばしば旅をし、川の難、盗賊の難、同胞からの難、異邦人からの難、町での難、荒れ野での難、海上の難、偽の兄弟たちからの難に遭い、苦労し、骨折って、しばしば眠らずに過ごし、飢え渇き、しばしば食べずにおり、寒さに凍え、裸でいたこともありました。このほかにもまだあるが、その上に、日々わたしに迫るやっかい事、あらゆる教会についての心配事があります」。

パウロの生涯はまさに苦難の連続でした。肉体的な苦難、危険、迫害にさらされました。それだけではなく、時には教会からも誤解や攻撃を受けました。ありとあらゆる苦しみを味わいました。

しかし神は、こうした苦しみの中にあるパウロを慰めてくださいました。艱難の中で彼を慰め、勇気を与えられたのです。

それゆえパウロは、「神は、あらゆる苦難に際してわたしたちを慰めてくださる」（四節）と確信していました。どんなに厳しい苦しみの中でも、彼は神の慰めを体験しました。神が共におられて、励ましてくださいました。その体験のゆえに、確信を持って彼は「神の慰め」の確かさを語ります。

そればかりでなくパウロは、慰めを経験した人は、今度は、他の人々を慰めることができる、と言います。四節後半に「わたしたちも神からいただくこの慰めによって、あらゆる苦難の中にある人々を慰めることができます」とある通りです。

パウロは苦難の中で自らに与えられた慰めが、他の信仰者を慰めるのに役立つことを体験していました。自らの苦難の経験、そして苦難の中で神から与えられた慰めの体験が、同じような苦難の中にある信仰者の助けと慰めとなりました。

そうした経験からパウロは、自分の苦難とその中で与えられた神の慰めは、自分のためというよりも、他の信仰者のためだ、と思うようにさえなったのです。

確かに、苦難に遭った人、またその中で神の慰めを体験した人にしかできない、慰めや励ましがあると思います。経験がない人は、慰めることができないということはありません。しかしやはり、経験を通して神の恵みをより深く知った者こそが、同じような状況に置かれた人のことを深く理解し、慰めることができるでしょう。

自分の経験と結び付かない言葉には、力がありません。私は牧師になって以来、ほぼ毎週こうして講壇から説教しているわけですが、私がもし、自分自身の信仰者としての体験や、信仰者としての実存と無関係に、ただ単に聖書の言葉を解説し、聖書の思想を説明しているだけならば、その説教の言葉には力はないと思います。どんなに正しく聖書の言葉を説き明かし、どんなに興味深く聖書の思想を説明しても、それを語る者が、それを信じ、それに生きていないならば、言葉に力はありません。

体験が言葉に力を与える面があります。とりわけ、キリスト者が経験する苦難には、その点で積極的な意義があると言えるでしょう。パウロが経験した苦難、そしてそこで与えられた神の慰めの経験は、あらゆる苦難の中にある人々を慰めるものとなりました。ここにはやはり、神の深い御旨があったと言えるでしょう。

苦難は何の意味もなく与えられたのではありませんでした。パウロにあれだけの苦難が与えられたのは、まさに「あらゆる苦難の中にある人々を」彼が慰めるためでした。彼の苦難には、積極的な意義がありました。彼は苦難の中で慰めを受けたことによって、苦難の中にいる人々を本当の意味で慰めることができるようになったのです。

私たちキリスト者の経験には、神の御旨による隠された意義があります。とりわけ苦難は、決して無意味なものではありません。また、神は通常、人間という手段を通して働かれます。別にパウロを通さなくても、神が直接、苦難の中にある人々を慰めることもできるはずです。直接語りかけて、助けと慰めを与えることもできるはずです。
しかし神は、ありとあらゆる苦難をなめ尽くしたパウロを通して、御自身の慰めを人々に与えようとされます。人間を通して、またさまざまな体験を通して培われたその人自身の人格を通して、その人の言葉を通して、神は御自身の恵みの御業をなそうとされるのです。

それゆえ私たちの信仰者としてのあらゆる体験には、意味があると言えます。ここに集っておられる一人一人がさまざまな経験を持っておられます。その背後には、神の御旨があります。その経験を経た者であるがゆえに、理解し、助けることができる隣人がいるのです。とりわけ苦難の中での慰めの経験は、隣人を本当の意味で励まし、支えるものとなるのです。

続く五節でパウロは、その「苦難の中で与えられる慰め」の霊的な意味を説き明かしています。「キリストの苦しみが満ちあふれてわたしたちにも及んでいるのと同じように、わたしたちの受ける慰めもキリストによって満ちあふれているからです」。

パウロは、私たちキリスト者の苦しみは「キリストの苦しみ」だと言っています。そして、私たちの受ける慰めは、「キリストによって満ち溢れる」ものなのです。

ではなぜ私たちの苦しみが「キリストの苦しみ」なのでしょうか。それは、私たちキリスト者は、キリストの体の一部とされているからです。パウロはコリントの信徒への手紙一の一二章で「あなたがたはキリストの体であり、また、一人一人はその部分です」と述べました。またコロサイの信徒への手紙には「御子はその体である教会の頭です」（一・一八）とあります。

キリスト者はキリストを頭とする体の一部です。ですから、キリストの体の一部であるキリスト者の苦しみは、キリストの苦しみでもあります。

キリストは地上において、苦しみの生涯を送られました。何の罪も犯されなかったにもかかわらず、人々から憎まれました。神の言葉を正しく宣べ伝えたことによって、また神の御心に従って生きたことによって、人々の反感と敵意を買いました。そして十字架につけられたのです。

キリスト者はこのキリストに従う者たちです。御子キリストのように生きられるわけではありませんが、キリストに従おうとする者はやはり、御子が受けられたと同じような苦難を味わうことになります。

それゆえ、パウロが言う「キリストの苦しみ」とは、キリストが地上において受けられた苦難と、同じ性質の苦難と言えるでしょう。キリストの苦しみが、私たちの地上の信仰生活に重なってこざるを得ないのです。

パウロはテモテへの手紙二の中で「キリスト・イエスに結ばれて信心深く生きようとする人は皆、迫害を受けます」（三・一二）と述べています。私たちがキリストを信じて、本気で従っていこうとすれば、反感や敵意を買うことは避けられません。いたずらに反感や敵意を招く必要がないのは言うまでもありません。しかし、キリストに従おうとすれば、それだけで人々の敵意を招くことがあります。

ですから私たちは、反感や敵意を買うことを恐れて、主に従うことをあいまいにしてはなりません。主に従うことにおいて、ごまかしてはなりません。キリストに従う者が、「キリストの苦しみ」を味わうことは避けられません。

パウロは、フィリピの信徒への手紙において「あなたがたには、キリストを信じることだけでなく、キリストのために苦しむことも、恵みとして与えられている」（一・二九）と述べています。キリストの苦しみにあずかるのは、恵みだとパウロは言います。なぜならば、キリストの苦しみを味わう者には、キリストを通して慰めもまた与えられるからです。

五節で、「わたしたちの受ける慰めもキリストによって満ちあふれている」とパウロは言います。キリストの苦難を負う者は、キリストによって豊かに慰められます。キリストに従うよりも、苦難を避けることを優先していれば、キリストによる慰めが与えられることはありません。キリストに従うことを優先して生きる時、私たちは苦難と同時に、本当の慰めを得ることができるのです。

パウロはまさに、苦難の中で、キリストの慰めを与えられ続けていた人でした。あれほどの苦難を受け続けていたパウロが、なぜくじけることなく、力強くあり続けられたのか。それはひとえに、キリストとの交わりの中で豊かな慰めを得ていたからです。

パウロの力の源はキリストとの交わりにありました。キリストに従うがゆえに苦難に遭うのですから、まさにパウロにとって自分の受ける苦しみは、キリストの苦難にあずかることでした。それは同時に、キリストの慰めにあずかることでもありました。

それゆえ「キリストの慰め」とは、すぐに苦しみが取り去られる、苦難が過ぎ去るということではありません。むしろ、苦難の中で与えられる慰めです。苦難の中にあるにもかかわらず溢れてくる平安と喜びです。慰め主なる神が共にいてくださることによる平安です。

六節でパウロが、慰めを救いと結び付けているように、真の救いと結び付く「慰め」です。一時的な気休めや同情ではありません。永遠の救いに結び付いている「慰め」なのです。

六節前半にはこうあります。

「わたしたちが悩み苦しむとき、それはあなたがたの慰めと救いになります」。

パウロは四節で、「神は、あらゆる苦難に際してわたしたちを慰めてくださるので、わたしたちも神からいただくこの慰めによって、あらゆる苦難の中にある人々を慰めることができます」と述べました。自分たちの苦難は、苦難の中にある他の人々の益になると述べました。それを六節では、具体的にコリントの信徒たちに適用しています。すなわち、「わたしたちが悩み苦しむとき、それはあなたがたの慰めと救いになります」と述べます。パウロは自分に与えられた苦難が、コリントの信徒たちの慰めと救いになると明言しています。

コリントの信徒たちはさまざまな苦しみに遭っていました。コリントという町はギリシアの異教社会で、経済的に発展する国際都市でした。そうした中で、キリスト教信仰を貫いて生きることは、さまざまな苦しみを背負うことを意味していました。

社会生活が異教神殿とつながっていましたから、キリスト教信仰を貫こうとすれば必ず摩擦が起きました。社会的な差別を受けることも覚悟する必要がありました。また、信仰のゆえに、家庭の中や、親戚との関係でも摩擦が起こることがありました。さらには、ギリシア人たちからの反感だけではなく、ユダヤ人からの迫害もありました。

そのような外からの苦しみだけが、彼らの苦しみではありませんでした。教会の中にも、多くの苦しみの原因がありました。コリントの信徒への手紙一からも分かりますように、コリント教会には多くの問題がありました。教会を撹乱し、人々を惑わす人たちがいました。教会の中に分派があり、対立がありました。外からの苦しみだけでなく、教会内にも苦しみの原因がありました。

パウロはそうした苦しみの中で、キリストを愛し、従っていこうとしているコリントの信徒たちに深い愛と同情の思いを寄せています。彼らの状況は、決して、心平安に教会生活を送れる状況ではなかったでしょう。その彼らに対して、苦難を嘗め尽くしてきたパウロだからこそ与えることができる慰めがあるのです。

パウロは六節の後半で、この神から来る慰めがどのような性質のものであるかを、明らかにしています。

「また、わたしたちが慰められるとき、それはあなたがたの慰めになり、あなたがたがわたしたちの苦しみと同じ苦しみに耐えることができるのです」。

後半の部分を直訳しますとこうなります。「その慰めは、私たちがこうむったのと同じ苦難を、あなたがたが耐えることにおいて働くのです」。つまり、神から与えられる慰めは、苦難の中、艱難の中においてこそ、力を発揮するものだとパウロは言っています。

パウロが言う慰めとは、自分が体験し、人一倍その状況の人を理解できるから、よく慰めることができる、ということではありません。もちろんそういう面もありますが、それ以上に、神からの慰めの性質のゆえに、パウロは確信を持って、彼らを慰めることができるのです。

神の慰めは、苦難の中でこそ力を発揮するものです。神の慰めが働く時、パウロと同じように、苦難にさえ耐えさせる力となります。パウロは苦難の中で繰り返して、神の慰めを経験してきました。それゆえ確信を持って言います。神の慰めは、苦難に耐えることにおいて働くのです。

最後に七節の言葉を学びましょう。

「あなたがたについてわたしたちが抱いている希望は揺るぎません。なぜなら、あなたがたが苦しみを共にしてくれているように、慰めをも共にしていると、わたしたちは知っているからです」。「あなたがたが苦しみを共にしてくれているように、慰めをも共にしている」。パウロはコリントの信徒たちが、苦しみと慰めを共にしている、と述べています。ある神学者は、これが教会共同体の本質だと述べていました。教会とは、苦しみと慰めを共有する共同体です。

では私たちは本当に、苦しみと慰めを共にしているのでしょうか。ある説教者は、日本において福音が広まっていかないのは、教会が苦しみと慰めの共同体になっていないからではないか、と述べていました。私たちが本当の意味で、互いに慰めることができていないからではないか。この世にあるさまざまな交わりと、質的に違う交わりを生み出していないからではないか、と述べていました。

パウロは、自らが神から慰めを受けたのは、隣人を慰めるためだと受け止めました。神が私たちを慰めてくださるのは、私たちがその慰めをもって自分の隣人を慰める者となるためです。

慰めを受けた者は、自分の隣人を慰める責任をも与えられています。互いにその姿勢を持つときに、私たちは真の意味で、慰めの共同体を築き上げることができるのです。

神は、苦難の中で人に慰めを与え、その人を通して、さらに慰めが広まっていくことを願っておられます。そのようにして、神の慰めに満たされた共同体が生まれます。苦しみと慰めを共有する共同体こそが、真の教会です。

パウロは七節で「あなたがたについてわたしたちが抱いている希望は揺るぎません」と述べました。苦しみと慰めを共有する共同体には、揺るがない希望がある、というのがパウロの確信です。

揺れ動く時代の中で、私たちはどこに確かな希望を求めるのでしょうか。聖書は、キリストにある慰めにこそ、それはあると語ります。苦難があれば、人は動揺します。それは当然です。しかしその苦しみの中で与えられる慰めがあります。さらにその慰めは、隣人をも慰める力となります。

イエス・キリストによって与えられる慰めは、そのようなものです。その慰めは救い主キリストによって与えられる慰めです。救いに基づく慰めです。ですからそれは、決して一時的なものではありません。永遠につながる慰めです。

そして、このキリストの慰めによって形成されるのが、キリストの教会です。教会こそが、本当の意味での慰めの共同体です。ここでしか与えられない慰めがあります。その慰めは「揺るがない希望」に基づく慰めなのです。

一章八―一一節

苦難から救ってくださる神

兄弟たち、アジア州でわたしたちが被った苦難について、ぜひ知っていてほしい。わたしたちは耐えられないほどひどく圧迫されて、生きる望みさえ失ってしまいました。わたしたちとしては死の宣告を受けた思いでした。それで、自分を頼りにすることなく、死者を復活させてくださる神を頼りにするようになりました。神は、これほど大きな死の危険からわたしたちを救ってくださったし、また救ってくださることでしょう。これからも救ってくださるにちがいないと、わたしたちは神に希望をかけています。あなたがたも祈りで援助してください。そうすれば、多くの人のお陰でわたしたちに与えられた恵みについて、多くの人々がわたしたちのために感謝をささげてくれるようになるのです。

一章三節から七節でパウロは、神は苦難の中で慰めをくださる方だと述べました。そして神からの慰めを受けた者は、他者を慰めることができる者となること、さらに苦難の中で慰め合う共同体こそがイエス・キリストの教会であることを明らかにしました。教会は苦難と慰めの共同体です。

八節以下でパウロは、苦難がそのような意味を持っていることを、自分自身の体験を例として語ります。パウロは苦難が自分にとって何を意味したのか、また苦難が教会にとって何を意味するのか、それを述べていきます。

「兄弟たち、アジア州でわたしたちが被った苦難について、ぜひ知っていてほしい」（八節）。「ぜひ知っておいてほしい」は、直訳ですと「知らずにいてもらいたくない」となります。これはパウロが重要なことを語る際に好んで用いた表現です。パウロは「わたしたちが被った苦難について、知らずにいてもらいたくない」と言います。パウロは自分の体験に基づいて語ります。その体験の中で得たこと、知らされたこと、とりわけ神について知らされたことを語ろうとします。

神を知るということと自らの体験には、どのような関係があるのでしょうか。私たちが神を知る方法は、何より聖書を通してです。聖書を通して神がどんなお方であられるかを知る。これが神を知る唯一の正しい方法です。聖書を抜きにして神を知ることはできません。聖書なしに神を知ろうとするなら、その神は「人間の想像に基づく神」になってしまいます。

ですから私たちは、聖書を通して神を知ります。しかし、神を知るということは、頭で理解することとイコールではありません。神は生けるお方です。ですから、神を知ることの本質は、この神と出会うということにならざるを得ません。

出会うということは、自らの全存在に関わることです。出会いというのは、自分の全存在が神と向き合うことです。ですから、神を知るというのは、全存在に関わる体験的なものでなければ、本当に知ったことにはなりません。

それゆえ、神と出会った者でなければ、神のことを証しすることはできません。生ける神と出会っていなければ、「聖書は神についてこのように教えています」とは言えても、神の恵みの現実を証言することはできません。神を「私の神」として、「恵み深い神」として知らなければ、神を伝えることはできません。

その意味で、私たちはいずれも、体験的に神を知っていることが大切です。体験に基づいて、神を知っていることが必要です。神の恵みを具体的に体験することがなければ、私たちは正しい意味で、福音を語ることはできません。

パウロはここで、自らの体験に基づいて、神のことを語ろうとしています。しかし、パウロは何か立派な体験を語ろうとしているのではありません。体験に基づいて語らなければならないと言われたら、「自分は何も語れない」と思われる方もあるでしょう。そんな立派な体験は自分にはない、人に語れるような信仰の体験はない、と思うでしょう。

しかしここでパウロは、立派な信仰の体験を語るのではありません。パウロは信仰の武勇伝を語るのではありません。美談を語るのではありません。彼は信仰の勇者の姿を語るのではなくて、どちらかといえば敗者の姿を語ります。苦難に遭って絶望したという、自らの体験を語ります。その絶望の苦難の中で与えられたことを語るのです。

「アジア州でわたしたちが被った苦難」とあります。パウロは自分のいた町がその地方の中心都市である場合には、町の名ではなく地方名で言う傾向がありますから、これはおそらくエフェソでの体験のことでしょう。

エフェソは、小アジア、イオニア海岸の港町で、エーゲ海東岸では最大の港町であり、ローマ帝国の小アジア支配の拠点でありました。八節の後半にあるように、そこでパウロは「耐えられないほどひどく圧迫されて、生きる望みさえ失ってしまう」ような苦難を味わいました。「耐えられないほどひどく圧迫されて」というのは、自分たちの力を超えて極度に圧迫された、ということです。そして生きる望みさえ失うほど、消耗しきったのです。

この苦難が具体的にどの事件を指しているかについては、さまざまな説があります。しかしおそらくこれは、使徒言行録一九章二三節以下に記されている、銀細工人の起こした騒動にパウロが巻き込まれたことを指しているのだと思われます。

エフェソにはアルテミスの神殿があり、人々は女神アルテミスを拝んでいました。しかし、パウロは福音を宣べ伝える中で、偶像の神を否定しました。エフェソにはこのアルテミス神殿の模型を作ってかなりの利益を上げていた銀細工人たちがいましたが、偶像を否定する福音が広がることは、彼らの利益を削ぐことに直結しました。そこで銀細工人たちは、人々をたきつけて暴動を起こしたのです。その時、パウロにとってどれほどのことが起こったのか、詳しいことは分かりません。いずれにせよ、町中に大混乱が起こったのですから、暴徒によって命の危険にさらされたのでしょう。

パウロはその体験を「わたしたちは耐えられないほどひどく圧迫されて、生きる望みさえ失ってしまいました」と記しました。さらに九節にはこうあります。

「わたしたちとしては死の宣告を受けた思いでした」。

「死の宣告」とは、公式の決定を意味する言葉ですから、いわばパウロは、神から死の宣告を聞いたように思ったのです。

使徒パウロは少々の迫害でへこたれるような、弱い人間ではありませんでした。何度も人々の激しい敵意を買いました。石を投げつけられそうになったり、また実際投げつけられて仮死状態に陥ったこともありました。しかし、パウロは決してへこたれませんでした。

しかしそのパウロが、今度ばかりはもうダメだと覚悟したのです。助かる道はない、と思いました。神が死を宣告されたのだと思わざるを得ない状況に、彼は陥りました。目に見える状況からすれば、全く望みのない状態に陥ったのです。

この時、パウロはいったいどういう思いだったのでしょうか。ここで死ねば、パウロの宣教はここで終わります。主イエスが召してくださった宣教の業は、中途半端で終わることになります。コリント教会の諸問題も、なお未解決のままでした。多くの問題を抱えたままで、教会は取り残されることになります。また、彼が熱心に訴えていたエルサレム教会への献金も、中途半端なままでした。またパウロは、ローマをはじめ、さらに広くイエス・キリストの福音を宣べ伝える使命を持っていました。

彼はイエス・キリストに召されて、その召しに答えて、懸命に生きてきました。命をかけて生きてきたと言えます。しかしここで命が奪われたならば、彼がここまでなしてきた働きが、無に帰してしまう可能性がありました。せっかく始まった宣教の実りが、失われてしまう危険性がありました。

パウロは「なぜ神はそういうことをなさるのか」と問うたはずです。問わざるを得なかったでしょう。激しい葛藤を感じたと思います。信仰が問われ、揺さぶられたことでしょう。

パウロにとっての最大の問題は、死の恐怖ではなかったでしょう。パウロはフィリピの信徒への手紙の中で「死ぬことは利益だ」と語りました。死ねばキリストと共にいることができるようになると確信していました。ですから、死が彼の最大の問題であったのではありません。

パウロにとって最大の問題は、神がなさろうとしていることが分からないことでした。神に召されて、神のためにひたすら宣教してきました。しかし、ここで命を奪われたなら、それらが無駄になってしまうかもしれない。なぜ神はそういうことをなさるのか。それが分からない。神がなさることが分からないという苦しみが、パウロにはあったのだと思います。

この状況は、あのアブラハムが、神から、息子イサクを焼き尽くす献げ物として捧げよと命じられたことと似ています。イサクは神から与えられた約束の子、祝福の子でした。祝福の基となる子でした。その子を、神は焼き尽くす献げ物とせよと言われました。

アブラハムは神がなさろうとしていることが、分かりませんでした。どう考えても矛盾しています。イサクが捧げられれば、約束の子が失われてしまいます。神の約束の実現が途絶えてしまう。その葛藤に、アブラハムは苦しんだはずです。

パウロもそれとやや似ています。自分がここで死んでしまえば、神が自分を立てて始められた御業が、失われてしまうかもしれない。自分はいったい、何のためにがんばってきたのか。何のために神に従ってきたのか。それが分からないのです。

おそらくそれが、パウロの最大の苦しみであったのではないかと思います。神に従ってきたのに、どうして神はこんな目に遭わせられるのか、という思いです。ひどいではないか、あんまりではないか、という絶望的な思いです。

しかし、それほどの苦しみを通してでなければ、分からないことがありました。そこまでの苦しみを経なければ、学べないことがありました。パウロは九節の後半で、その苦しみを通して、神を信頼することを学んだと言っています。そうした苦しみを通してこそ、神を信頼するとは何かを、本当にパウロは学んだのです。

もうしばらく前になりますが、大学時代から大変親しくしている、キリスト者のご夫妻と出会いました。久しぶりの出会いで、楽しい交わりの時を持ちました。その時に、同じように大学生の頃からよく知っている一人のキリスト者の姉妹が、今は教会を離れているということを聞きました。私が知っている限り、およそ、教会を離れることがあるとは思えない人でしたので、少々驚きました。

その彼女が、こういうことを言っていたと聞きました。それは「教会にずっと行っている人は、本当の苦難を体験していない人ではないか」というものです。彼女がどういう体験をしたのか、私は全く知りません。何があって、教会を離れるようになったのか、分かりません。しかし、この彼女の言葉から推測できるのは、教会が、彼女が苦難の時に、彼女を支えるものになり得なかった、ということです。それは具体的な助けが与えられなかったということではありません。そうではなくて、教会が証している福音が、人生の苦難を含めてその人を究極的に支えるものになっていなかった、ということです。

もし教会に初めて来た人が、教会の人たちを見て、「ここにいる人たちは、本当の人生の苦労を知らない人たちだ」と感じるとしたら、私は、教会は何か深刻な問題を持っているのだと思います。

私たちの信仰生活とはいったい何なのでしょうか。それは、ある程度恵まれた生活があった上での

「たしなみ」なのでしょうか。もしそうならば、苦難の時、信仰も信仰生活も、ほとんど意味を持たないでしょう。教会が社交の場のレベルに落ちてしまえば、それは恵まれた人たちのサロンにすぎませんから、人生の苦悩を負う人たちから見限られてしまいます。

私は彼女が教会を離れてしまったことを擁護するつもりはないのですが、しかし、教会の側に問われていることがあると思うのです。本当に、人生を賭けることができる福音を提示しているのか、と。また私たちは、そういう福音を信じる者として、信仰生活を送っているのか、と。

パウロは、信仰者としての絶望を味わいました。「神を信じて生きてきたのに、どうしてこうなるのか」という苦しみです。しかし、そこでなければ学べないことがあったと語ります。イエス・キリストの福音は、そういう絶望においても、決して意味を失わないものなのです。

九節の後半にこうあります。

「それで、自分を頼りにすることなく、死者を復活させてくださる神を頼りにするようになりました」。

この経験によって、パウロはいよいよ神を信頼することを学んだと言っています。新共同訳は前の文章を「それで」という言葉で受けて、「その結果」という意味で訳しています。しかし、文法的にはこれを「目的」の意味に取ることもできます。すると九節全体はこうなります。

「わたしたちとしては死の宣告を受けた思いでした。それは、自分を頼りにすることなく、死者を復活させてくださる神を頼りにする者になるためでした」。

こう訳すこともできます。この場合、パウロは自分の苦難の背後に、神の目的・神の意図があったということを語っていることになります。パウロは自分の体験を回顧して、神が自分をあれほどの窮地に追いやられたのは、本当に神だけを信頼することを自分に学ばせるためだったのだ、と言っているのです。

パウロは自らの体験をここで語っています。それは、絶望を味わったという体験です。彼は決して「自分はその苦難の中で、勇敢に神を信じ、忍耐して祈り、その結果、神は私たちを救ってくださった」と語っているのではありません。苦難の中で、自分が信じたから、自分が祈ったから、などとは言いません。

パウロはただ、絶望して死を覚悟しただけでした。けれども神は、そのパウロを救い出してくださいました。そしてこの経験を通して、パウロは神を信頼するとは、どういうことかを学んだのです。

パウロは、自分を全く頼りにすることができない状況に追い詰められました。徹底した弱さと絶望を体験しました。しかし神は、そのような状況からさえも救い出すことがおできになります。

パウロはそれを体験しました。まさに神は「死者を復活させてくださる神」だと知ったのです。そこで初めて、神を信頼するとは何かを知りました。体験的に知りました。それゆえパウロは語るのです。「知らずにいてほしくない」と言うのです。

私たちキリスト者は、自分の力や能力を頼りにせず、神を信頼して生きなければならない、と教えられています。しかし、そういう生き方が、教えられれば自然にできるというわけではありません。パウロのように、苦難を経験することが、しばしば必要です。そういう経験がなければ、本当の意味で神を信頼することを、私たちは知らないのです。

パウロでさえ、こうして経験を通して、神への信頼を学びました。宗教改革者カルヴァンは、パウロでさえ「あやまった自信や高慢さやその他のこうした情念から免れていなかった」と述べています。だから、パウロも、謙遜を学び、神への信頼を学ぶために、死に直面させられなければなりませんでした。それは私たちにも当てはまることです。

もちろん、私たちは好んで苦難を求める必要はありません。しかし、苦難の中でこそ、神から与えられるものがあることをしっかりと覚えておく必要があります。

苦難そのものが問題なのではありません。本当の問題は、私たちが神ではなく、自分自身や目に見えるものを頼りにしているのではないか、ということです。それゆえに、神への信頼というものが、薄っぺらいものになっているのではないか、ということです。

信仰生活が、きれいごとや取り済ましたものであるならば、苦難には耐えられません。信仰とは、生ける神との出会いであり、その神と共に歩むという体験的なものです。この生ける神により頼むことが、信仰者のすべてなのです。


パウロは自らの体験を受けて、続く一〇節でこう語っています。

「神は、これほど大きな死の危険からわたしたちを救ってくださったし、また救ってくださることでしょう。これからも救ってくださるにちがいないと、わたしたちは神に希望をかけています」。

パウロは危険から救い出されたことによって、神を信頼することの深みを新たに学びました。神が召された務めがある限り、いかなる危険が迫ってきても、神は救い出してくださる、とパウロは確信しました。

過去における救いの体験が、未来についての救いの確信となりました。苦難が臨む時、私たちは目前の苦しみに目も心も奪われてしまいがちですが、本当に神の守りと助けを経験した者は、どんな時でも、神の助けを信じて希望を持つことができます。

パウロの外的状況が変わったということはありません。依然として、彼を殺そうとする企ては続きます。しかしパウロは、「これからも救ってくださるに違いない」と確信を持って希望を語ることができたのです。

最後にパウロは、コリントの信徒たちに祈りによる援助を願いました。

「あなたがたも祈りで援助してください」(一一節)。

パウロにとって、祈りには助ける力がある、というのは自明のことでした。いやむしろ苦難を通して、本当に頼りになるのは神だけだと痛感したパウロは、ますます祈りの援助の必要を感じました。あの人は信仰が立派だから、強い人だから、祈りの応援が必要ない、などということは全くありません。人は誰しも、自分の力で立って歩んでいるわけではありません。神の助けなしに生きることができる人はいません。神の支えを必要としない人は誰もいません。

さらに一一節の後半にはこうあります。

「そうすれば、多くの人のお陰でわたしたちに与えられた恵みについて、多くの人々がわたしたちのために感謝をささげてくれるようになるのです」。

ここは原文が非常に分かりにくい部分で、翻訳にもずいぶんばらつきがあります。けれども趣旨はこういうことです。パウロは祈りの援助を求めました。そして祈りによってパウロの働きに参与すれば、パウロが危険から救われた時、つまり「恵みが与えられた」時、「感謝をささげるように」なるということです。

パウロがとりなしの祈りを求めたのは、自分のためだけではありませんでした。自分の救いのためだけに、祈りの応援を求めたのではありません。祈りには力があると確信していたパウロは、彼らが祈りを聞いてくださる神を知り、それによって神への感謝、神賛美に導かれることを願っています。

祈ることがなければ、神の御業を知ることも、神に感謝することもありません。祈らないのに、神への深い感謝に導かれるということはありません。祈ることがなければ、すべてのことは、偶然に起こること、またはただ人間のわざとして起こっているとしか思えません。しかし祈る者は、そこに生ける神が働いていることを知らされます。そして、神への感謝と賛美に導かれるのです。

パウロはとりなしの祈りを願い、そして祈りに答えてくださる神を知ることによって、教会が神賛美に満たされることを願いました。祈りのある交わりにこそ、神への感謝と賛美が生まれます。そこにキリストの教会としての交わりがあります。

苦難によって、パウロは神への信頼を深く学びました。また苦難のゆえに捧げられたとりなしの祈りによって、教会には神賛美が生まれました。このように、苦しみは単なる苦しみではなく、神の恵みの手段でありました。そこには、神の深い御旨がありました。

私たちの人生にも、さまざまな苦しみがあります。その意味を私たちは安易に断定することはできません。しかしその背後に、恵み深い神の御旨があります。そのことを信じて、私たちはとりなし合い、支え合う群れでありたいと願います。祈り合う群れに、主は感謝と賛美を満たしてくださるのです。

一章一二―一四節

キリスト者の誇り

わたしたちは世の中で、とりわけあなたがたに対して、人間の知恵によってではなく、神から受けた純真と誠実によって、神の恵みの下に行動してきました。このことは、良心も証しするところで、わたしたちの誇りです。わたしたちは、あなたがたが読み、また理解できること以外何も書いていません。あなたがたは、わたしたちをある程度理解しているのですから、わたしたちの主イエスの来られる日に、わたしたちにとってもあなたがたが誇りであるように、あなたがたにとってもわたしたちが誇りであることを、十分に理解してもらいたい。

コリントの信徒への手紙二は一章一二節から本題に入ります。大きく区分しますと、一章一二節から七章一六節までが一つの大きなかたまりとなっています。そこでは、パウロとコリントの信徒たちとの関係、またパウロの奉仕のことが問題にされています。特に一章一二節から二章一三節は、コリントの信徒たちの一部が、パウロを非難していたのに対して、彼が答えている部分です。

コリントの教会の中には、パウロについてどのような非難、批判があったのでしょうか。パウロが非難を受けた、具体的なきっかけは、彼が旅行の計画を変更したことでした。コリントの信徒への手紙一の一六章五節から七節にはこうありました。

「わたしは、マケドニア経由でそちらへ行きます。マケドニア州を通りますから、たぶんあなたがたのところに滞在し、場合によっては、冬を越すことになるかもしれません。そうなれば、次にどこに出かけるにしろ、あなたがたから送り出してもらえるでしょう。わたしは、今、旅のついでにあなたがたに会うようなことはしたくない。主が許してくだされば、しばらくあなたがたのところに滞在したいと思っています」。

第一の手紙の中でパウロは、今後の旅行の計画をコリント教会に知らせました。それによれば、マケドニアを経由してコリントに行き、そこで冬を越したい。つまり、ある程度の期間滞在したい、と彼は伝えたのです。

しかし実際は、この計画通りにはなりませんでした。コリントから帰ってきたテモテの報告を受けて、彼はすぐにコリントに行く決心をして、出かけました。マケドニアを経由せずに直行しました。そして彼はそこで、コリント教会のある人からひどい攻撃を受けました。

そこでパウロは、一旦、コリントからマケドニアに行きました。その際、コリントに戻ってくると約束したのですけれども、予定を変更して直接エフェソに帰りました。そして、パウロを傷つけた人物に対して、コリント教会が適切な処置をすることを求める手紙を書きました。「涙の手紙」と呼ばれるものです。

そのようにパウロは、手紙で予告した計画を変更し、さらに、口頭で予告した予定も守りませんでした。それゆえに、パウロの言葉は信用できない、パウロという男は移り気で、優柔不断であるという非難がコリント教会で高まっていたのです。

パウロという人間の真実性が疑われていました。あのように事前の計画や予告を変更するということは、パウロの言葉は信用できない。彼はいつも策を弄しているのではないか。言葉に裏表があるのではないか。そうに違いない、とパウロを非難する者たちがいたのです。

このように、パウロの真実を疑う人々がいたコリント教会に、彼は語りかけていきます。誤解を解こうとします。もしパウロへの誤解が、単にパウロを貶めるだけのものであったならば、つまりパウロの名誉だけの問題であったならば、パウロはおそらく問題にしなかったでしょう。しかし実際はそうではありませんでした。

パウロに対する批判が、彼が伝える福音に対する疑いになっていました。イエス・キリストの福音宣教の妨げになる危険性がありました。ですから彼は、誤解を解こうとします。パウロはコリント教会との和解を願っていたのです。

一二節は、原文では「わたしたちの誇りはここにあります」という言葉で始まっています。パウロからすれば、いわれない非難・批判を受けました。それに対してパウロは「わたしの誇りはここにある」と言います。

パウロは「誇り」という言葉をよく使います。誇りは、否定的に用いられる場合と、肯定的に用いられる場合があります。誇りというのは、その人の本当の拠り所、またその人の存在の基盤を明らかにするものです。その人が何を誇りにして生きているかが、その人の本性を明らかにします。

ある人がビジネスによってたくさんのお金を持っており、それを誇りにしているとしたら、そのお金が彼の本当の拠り所ということになります。また、ある人が、自分が過去になした実績を誇りにしているなら、それがその人の本当の拠り所、存在の基盤としているものとなります。

聖書は、キリスト者が退けなければならない誇りがあると教えています。キリスト者が避けなければならないのは、肉を誇ること、外面的なことを誇ること、そして何より自分自身を誇ることです。

私たちが今、得ているものが、すべて神によって与えられたものであるならば、それによって自分を誇ることは、神の栄光を自分が奪い取っていることに他なりません。神が与えてくださったものを、あたかも自分の力で得たかのように主張して、自分を誇るのは、まさに神に対する冒瀆であり、罪であるということになります。

与えられたものしか、私たちは持っていません。ですから、私たちは自分自身を人に誇ってはなりません。それゆえコリントの信徒への手紙一の中でパウロは「誇る者は主を誇れ」と言いました。すべてを与えてくださった主だけを誇れと言ったのです。

このように、私たちが誇りを持つことは、時に非常に深刻な問題があるわけですが、「誇り」そのものが常に間違いであるというわけではありません。

パウロはここで「わたしたちの誇りはここにあります」と述べました。キリスト者として持つことができる誇り、持つべき誇りというものがあります。それは言うまでもなく、神が良しとされる種類の誇りです。ではその誇りとはどのようなものなのでしょうか。

ここでパウロは「良心が証しする」と言っています。神の前に是認される誇りとは、その人の良心がそう証しするものです。誇りと良心には、深いつながりがあります。

キリスト教信仰にとって、良心はとても大切な意味を持ちます。とりわけ、プロテスタント信仰にとってはそうです。プロテスタント教会に生きる者たちとして、良心というものが大変クローズアップされた、宗教改革における一つの出来事を、ぜひ覚えておいてほしいと思います。それは宗教改革者マルティン・ルターに関する出来事です。彼は、信仰のみによる義認こそ聖書の教えるところだと確信して、宗教改革を起こしました。行いによって救われるのではない、教会の儀式にあずかることによって救われるのではない。ただイエス・キリストを信じる信仰によるのだ、と主張しました。私たちの救いはただキリストのみによる、ただ神の恵みのみだ、と主張しました。これは、私たちにとっては当然のことですが、当時の教会では当然ではありませんでした。

ルターの主張は当時の教会を脅かす危険思想と見なされました。そしてとうとう、当時の神聖ローマ皇帝の前で、彼は尋問されることになりました。ルターは皇帝の面前で、自分の主張を撤回するように迫られました。撤回しなければ命を失うことになるという状況でした。しかしルターはこう宣言したのです。

「わたしの良心は神の言葉に縛られているのです。私は取り消すことはできないし、またそうしようとも思いません。なぜなら自分の良心に反して行動することは危険であるし、正しくないからです。神よ、私を助けたまえ。アーメン」。

ルターは、自分の良心は神の言葉に縛られている。だから取り消せない、と言いました。これは宗教改革の一つのクライマックスですが、信仰者にとって良心というものがどのように働くかを示す、典型的な姿と言えるでしょう。

良心が御言葉によって教育され、聖められたとき、それはその人の内部で神的な判断力となります。御言葉に反することは、神に反することですから、それはどうしてもできないという判断力として働きます。それが聖められた良心の働きです。

しかしすべての人の良心が、正しく働くわけではありません。御言葉によって教育され、聖められなければ、たとえ神に反することであっても良心の痛みを感じないということさえあります。

たとえば私の場合、キリスト教も聖書も何も知らない時代には、何の良心の痛みもなく、仏壇や神棚を拝んでいました。しかし、御言葉によって真の神を知り、イエス・キリストの十字架の福音を知り、またその救いの恵みにあずかった時、神の御心に反するそうした偶像礼拝は、単に律法で禁じられているからというのではなくて、生ける神の御前における良心の痛みとしてできなくなりました。

神の御前に恥じることのない良心を持って生きるということが、キリスト者にとって決定的に重要なことです。聖められた良心を持って、神の御前に平安に生きることが、キリスト者の生き方だと言ってよいでしょう。

こうした意味での良心的な生き方が、キリスト者の誇りにつながります。私たちキリスト者にとって誇りある生き方とは、聖められた良心を持って、主の御前に恥じることのない生き方をすることなのです。

パウロがまさにそうでした。では、パウロの良心が証しする生き方とは、どのようなものだったのでしょうか。

それは一二節にある「神から受けた純真と誠実によって」行動する、という生き方でした。ここで「純真」と訳されている語は「単純さ、率直、正直」という意味です。また「誠実」と訳されている語の意味は「正直、誠意、純粋、混じりけのない」という意味です。パウロは、単純な心、シンプルな心、裏表のない、混じりけのない心で行動してきたと言っています。

人間というのは、悪い意味で複雑なものです。つまり、心が単一ではない。純粋ではないのです。私たちの意志は、「自己中心的な意志」と「神に従う思い」とが混同しています。時には、神の意志だと言いながら自分の意志を押し通そうとするような面さえあるのではないでしょうか。自分で気づかずにそういうことをしている場合さえあるのです。つまり、心が単一ではないのです。シンプルではない。それが罪人の心です。しかしパウロは基本的に、神の御前に一つ心でシンプルに生きました。

さらにパウロは自らの行動原則として「人間の知恵によってではなく、神の恵みの下に行動してきました」と言っています。では「人間の知恵」とは何でしょうか。

人間の知恵とは端的に言えば、世俗的な知恵、肉の知恵です。この世的な動機に導かれた知恵です。罪の欲望に導かれた人間の性質による知恵です。このような知恵はしばしば、「たくみな言葉」を伴います。コリントの偽教師たちは、たくみな言葉によって人々を魅了することができました。彼らは自分たちの知恵を語り、経験を語って、聴衆を印象づけることができました。「たくみな言葉」によって、「賢い者だ」という印象を与えることができたのです。

さらに人間の知恵を語る者は、心がシンプルではありません。外に現れる言葉や行動と、心の内なる思いが一致していません。人のために働いているように見えるけれども、実際は自分の誉れのためにそれをしている。心の内の素直な思いが、行動に現れているのではなくて、自己の利益を計算して、外に現れる言動のあり方を決めている。純粋な混じりけのない心ではなく、思惑と計算によって生きることが「人間の知恵」による生き方です。

それゆえ「人間の知恵」というのはどこまでも、人間的な願望に仕える知恵です。自己の誉れを求め、自己の利益を求める知恵です。人間が崇められることを求める知恵です。

コリントの偽教師たちは、このような知恵に生きていました。彼らはあたかも、コリントの信徒たちを正しく導いているような振りをしていました。彼らが誤った道に行かず、正しい道を歩むように導いている振りをしていました。しかし彼らの動機はそこにあったのではありません。

彼らの動機は、パウロの立場を不利にして、自分たちへの支持を集めることにありました。自分たちに対する人気を高めることにありました。彼らは、コリントの信徒たちを牧することには関心がありませんでした。外に現れている言動と、その心には大きなギャップがあったのです。

パウロはこのような「人間の知恵」に生きたのではありませんでした。彼の行動原則は一二節にあるように「神の恵みの下に生きる」ということでした。では、「神の恵みの下に生きる」とは、どのような生き方なのでしょうか。

それは何よりも、神の力が働いていることを信じて生きることです。人間の知恵で生きるというのは、神は無力であるということを前提とした生き方です。「神」も「神の恵み」も単なるスローガンであって、結局すべてのことは人間が行うという生き方です。口先では、「神」とか「神の恵み」と言いながら、実際は、神の働きを信じておらず、すべてのことを人間の思惑で、巧みに生きようとする、それが人間の知恵による生き方です。

けれどもパウロは、神の恵みをそのような無力なものとは考えていませんでした。パウロにとって神の恵みは、抽象的なスローガンではなく、現実の力です。パウロは実際に、神が生きて働いておられることを信じて、その神の恵みの力を信じて行動しました。自分の一つ一つの行動の背後に、神の導きがあり、神の助けがあることを信じて、彼は行動していました。

それゆえ、神の恵みの下で行動するとは、自分自身を神の恵みの道具として捧げるということになります。神の恵みの力を信じない者は、自らを神に捧げて生きることは決してできません。自らを捧げて生きることができるのは、その生ける神を知っているからです。知らなければ捧げることはできません。

パウロは、生ける神の恵みを知っていました。ですから彼は、自らを神の道具として捧げて生きました。人間の知恵ではなく、神の御心にすべてを委ねて生きたのです。

それゆえ「神の恵みによって生きる」ことは、ただ神の栄光を求める生き方となります。自らを捧げて生きるのですから、もはや自らの栄光を求めることはありません。自分自身を誇るのではなくて、むしろ、欠けだらけの弱い器を、神が尊い御用のために用いてくださることをただ感謝して生きるのです。罪のゆえに滅ぼされて当然の者を、無償で赦してくださったのみならず、御自身の業のために用いてくださいました。それが神の恵みの力なのです。

それはパウロにとって現実になっただけでなく、私たち一人一人に起こった出来事です。それがまさに、神の恵みの力です。それにあずかった者は、もはや自分の栄光を求めず、神に感謝し、神の栄光を賛美するのは当然のことです。

私たち罪人には、自らの側に何一つ誇るものはありません。誇るべきものは、自分自身の側にはない。私たちの側に本来あるのは、罪と欠けと弱さだけです。

しかし神は、そのような私たちを、それにもかかわらず、見捨てず、イエス・キリストの贖いによって罪を赦し、さらには神の子として、御自身の業のために用いてくださっています。それが神の恵みです。それにあずかった者が、神の恵みの力を確信して、その恵みを信じて、自らを捧げて生きるのは当然のことではないでしょうか。


以上のようにパウロは、「人間の知恵によってではなく、神から受けた純真と誠実によって、神の恵みの下に行動」することを、自らの行動原理としていました。それゆえコリントの信徒たちに対しても、そのように接してきました。彼は不純な思いを持って行動したり、ごまかしの言葉を用いることはありませんでした。パウロはその行動原理を自らの手紙においても貫いていました。

それゆえパウロは一三節で「わたしたちは、あなたがたが読み、また理解できること以外何も書いていません」と述べています。コリントの偽教師たちがしていたような、背後に別の意図が隠されているような言葉遣いではなくて、ただ誠実に、読んで理解できることを書きました。

一三節、一四節は、原文がやや複雑で、それゆえ、新共同訳は二つの節を一つにまとめて訳しています。解釈が分かれているところでありますが、基本的には新共同訳の理解が適切だと思います。

節の最後にあるように、パウロはコリントの信徒たちに「あること」を十分に理解してもらいと述べました。その十分に理解してもらいたいのは「わたしたちの主イエスの来られる日に、わたしたちにとってもあなたがたが誇りであるように、あなたがたにとってもわたしたちが誇りであること」でした。

パウロは、「主イエスの来られる日」、すなわち、主イエスの再臨の時、最後の日に主イエスの前に立つ時、コリントの信徒たちがパウロの誇りであるということ、そして、パウロがコリントの信徒たちの誇りであることを、十分に理解してほしいと述べています。

パウロは、手紙の読者たちの注意を、「主イエスの来られる日」に向けています。主の再臨の日です。それは審判の日であり、人間のすべての働きが、神によって吟味される日です。

パウロはその時、コリントの信徒たちを自らの働きの実として誇ることができると確信していました。同時に、パウロによって導かれた信徒たちも、自分たちのために働いてくれたパウロのことを誇りに思うに違いないのです。

その日には、そのことを完全に知るようになります。今は、ぼやけているかもしれません。見えにくくなっているかもしれません。しかしその日には、すべてが完全に明らかになります。それを理解してほしい、とパウロは言っているのです。

パウロはすべてのことの決算を、この主の日、主の再臨の日に置いていました。この終末の日に結果の出る生き方をしていました。最後の日に誇りを持てる生き方をしようとしていました。主の再臨の日に、崩れ去ってしまうようなものを、いくら積み上げても意味はありません。最後の日に、誇りを持てる生き方を、今、この世でしようとしていたのです。

パウロは、コリント教会の一部の人たちから、いわれのない非難・批判を受けていました。しかし彼は、人間的な自己弁護はしませんでした。彼は自らの生き方は、聖められた良心が証ししていると言いました。人間を証人として立てなくても、神がすべてをご存知です。その主の御前における良心の平安を持って生きたのです。

と同時に、パウロは、終末の日を仰ぎ見て生きていました。すべてのことが明らかになり、正しく裁かれる日が来るという確信です。その時を見据えて、パウロは今という時を生きました。人間の知恵で生きれば、最後は、むなしい結果を刈り取ることになります。しかし、神の恵みに生きる者は、主からの栄誉を授けられるのです。

パウロの生き方は、神の御前に恥じることのない良心を持って生きることでした。そして、終末の日に希望を置いて生きることでした。こうした生き方を、パウロは誇りとしていたのです。

私たちは何を誇りにして生きているのでしょうか。私たちの誇りはどこにあるのでしょうか。神の御前に、単純な心を持って、素直な心を持って生きる者は幸いです。また主の再臨の日を見据えて、今の時を、神に信頼して生きる者は幸いです。

そのように生きる者を、主は必ず祝福してくださいます。その主を誇りとして、自らの歩みを整えていきたいと願います。

一章一五—二〇節

神は真実な方です

　このような確信に支えられて、わたしは、あなたがたがもう一度恵みを受けるようにと、まずあなたがたのところへ行く計画を立てました。そして、そちらを経由してマケドニア州に赴き、マケドニア州から再びそちらに戻って、ユダヤへ送り出してもらおうと考えたのでした。このような計画を立てたのは、軽はずみだったでしょうか。それとも、わたしが計画するのは、人間的な考えによることで、わたしにとって「然り、然り」が同時に「否、否」となるのでしょうか。神は真実な方です。だから、あなたがたに向けたわたしたちの言葉は、「然り」であると同時に「否」であるというものではありません。わたしたち、つまり、わたしとシルワノとテモテが、あなたがたの間で宣べ伝えた神の子イエス・キリストは、「然り」と同時に「否」となったような方ではありません。この方においては「然り」だけが実現したのです。神の約束は、ことごとくこの方において「然り」となったからです。それで、わたしたちは神をたたえるため、この方を通して「アーメン」と唱えます。

　新共同訳によれば一章一二節から二章四節までがひとまとまりになっており、「コリント訪問の延期」という小見出しが付けられています。この小見出しからも分かりますように、この部分は、パウロのコリント訪問の計画に関連する部分です。パウロはコリントへの旅行計画を変更したわけですが、それによってコリント教会の中に彼に対する不信感が生まれました。それに対して弁明しているのが、この部分だと言えます。

直前の一章一二節から一四節でパウロは、具体的な弁明に先立って、自らが拠って立つ行動原則を明らかにしました。どういう原則で自分は生きてきたのか、生きているのかを、まず明らかにしました。その上で、彼に対する不信を引き起こした旅行計画について一五節から述べていきます。

「このような確信に支えられて、わたしは、あなたがたがもう一度恵みを受けるようにと、まずあなたがたのところへ行く計画を立てました」。

一五節の冒頭にある「このような確信」とは、直前の一三節、一四節を指しています。そこには、コリントの信徒たちがパウロのことをある程度理解してくれているということと、主の来られる日には、パウロとコリントの信徒たちは、互いを神の前に誇ることができるような関係だと述べられていました。ですから「このような確信」とは、「パウロとコリント教会の関係についての確信」だと言えるでしょう。

コリント教会はパウロの伝道によって生まれた教会です。それゆえパウロに特別な思いがあったのは確かです。パウロという奉仕者を通して、教会が生まれ、形成されてきました。パウロは神に遣わされた者として宣教し、コリントの人々も神から遣わされた人としてパウロの言葉を聞きました。そうでなければ、教会は建ちません。ですから、パウロとコリント教会の信徒の間には、主にある特別な関係がありました。

それゆえ、主の再臨の日にパウロがコリントの信徒たちを誇りにするという気持ちもよく分かります。神に遣わされて働き、それによって生まれ育った群れなのです。パウロにとってまさに誇りでありました。

同時に、コリントの信徒たちもパウロのことを、神から自分たちに遣わされた働き手として誇りに思うのも自然なことです。終末の日には、互いのことを神の前に誇ることができる。パウロは愛情と信頼を込めて、そう確信していました。

パウロが最初にコリントを訪れたのは、第二次伝道旅行においてでした。使徒言行録の一八章に記されている場面です。そしてパウロは再び、コリントに行くことを考えました。一五節でパウロは、「わたしは、あなたがたがもう一度恵みを受けるように」訪問の計画を立てたと言っています。

パウロは自らの訪問が、神の恵みのこと、コリントの信徒たちに恵みを与えることになると確信していました。この「恵み」というのは、神の恵みのことです。パウロは自分がコリントに行くことが、相手の迷惑になるのではないかとか、益にならなかったらどうしようなどとは考えません。彼は、自分の訪問が彼らに霊的益をもたらすと信じていました。彼は使徒として、神から与えられている霊の賜物があり、それによって人々に益を与えることができると確信していました。いや、人々に霊的益を与えるために、自分は召されていると確信していたのです。

それゆえパウロは、再びコリントを訪れることを願い、計画しました。その最初の計画が、コリントの信徒への手紙一の一六章五節、六節に記されていました。その計画では、パウロは小アジアのエフェソからマケドニアに行き、その後コリントに行くというものでした。そしてコリントで冬を越して送り出してもらうという計画でした。その計画を、コリントの信徒たちに手紙で伝えていました。

しかしパウロはその計画を変更したのです。一五節には「まずあなたがたのところへ行く計画を立てました」とあるように、当初のマケドニアを経由する計画を、直接コリントに行く計画に変えました。エフェソから船でエーゲ海を渡って、コリントに直行する計画に変えたのです。

計画を変えた理由は、コリント教会に派遣していたテモテが、コリント教会の様子を知らせてくれたからです。パウロは教会の現状を知って、問題解決のためには、すぐにコリントに行くのが良いと判断しました。これはコリント教会のためを思ってした霊的な判断でした。その時にパウロが変更した計画の内容が一六節に書かれています。

「そして、そちらを経由してマケドニア州に赴き、マケドニア州から再びそちらに戻って、ユダヤへ送り出してもらおうと考えたのでした」。

第一の手紙に書いた計画では、マケドニアを経由してコリントに行き、コリントで冬を越して、ユダヤに送り出してもらう計画でした。しかしパウロは計画を変更して、まずコリントに行き、それからマケドニアに行って、その後もう一度コリントに戻り、そこにある程度長く滞在してから、ユダヤに送り出してもらうという計画にしました。

しかしこの変更した計画も、実際にはさらなる変更を余儀なくされました。直行でコリントに行った際、そこでパウロはある人から激しく攻撃されるという体験をします。突発的な事件が起こりました。

そこでパウロは、マケドニアに行って、その後再びコリントに戻るという計画を変更して、マケドニアから直接、エフェソに戻りました。こうして最初の計画も、また第二の計画も、その通りには実行されなかったのです。

パウロは当初の計画を変更しました。しかしパウロは、コリント教会との間には信頼関係があるから、必要に応じて計画を変更したことを彼らは理解してくれるに違いないと思っていました。パウロはコリント教会のためを思って、最初の計画を変えて、コリントに直行したのです。それはパウロの霊的な判断であり、まさに善意からしたことでした。そのことを、コリントの信徒たちは必ず理解してくれると期待していたのです。

しかしこのことが、パウロに対する非難の原因になりました。計画の変更は、パウロに対して好意的でなかった人々に非難の機会を与えることになりました。一七節にはこうあります。「このような計画を立てたのは、軽はずみだったでしょうか。それとも、わたしが計画するのは、人間的な考えによることで、わたしにとって『然り、然り』が同時に『否、否』となるのでしょうか」。

この一七節のパウロの問いかけの背後に、コリントで実際になされていたパウロへの非難の言葉があるのだと思います。

第一に、パウロは軽はずみな人間だという非難です。「軽はずみ」と訳されている言葉は、「気まぐれ、無定見、軽率」という意味です。パウロは気まぐれで計画を変更するような、軽はずみで軽率な人間だという非難です。

第二に、パウロは「人間的な考え」に従っているという非難です。ここで「人間的な考え」と訳されている部分は直訳ですと「肉に従って」となります。パウロは肉に従っている。生来の人間の心のままに、自分本位に生きている。人間的な自己中心的な考えで行動しており、不誠実だという批判が起こっていました。

第三に、パウロは「『然り、然り』が同時に『否、否』となる」ような人間だという非難です。パウロが「然り」「そうだ」と言っても、その心の中では「否」「違う」と言っている。口から出てくる言葉と、心の思いが異なっている。そういう人間だ、という非難です。さらには、彼が「然り」と言っても、たちまち「否」に変わることがある。言うことが終始変わって、当てにならないという非難です。

以上のような非難が、コリント教会に起こっていました。パウロは気まぐれで、言うことがころころ変わる人間だ。相手に合わせて喜んで「然り、然り」と言ったかと思えば、別の人が別のことを求めていると感じれば今度は「否、否」と言う。移り気で優柔不断だ。彼は不誠実で、彼の言葉は信用できない。彼は神に従っているのではなく、肉に従っており、自分本位に行動している。

こういったパウロに対する非難が、コリント教会に起こっていました。そういう非難があることを、テトスを通して彼は聞いたのです。

パウロは、基本的にコリントの信徒たちを信頼して、旅行の計画を変更しました。しかしその件で、そのような非難が起こったことは、パウロにとってつらいことであったと思います。コリント教会はパウロが生み出した教会です。特別に愛情を注いできた教会です。まさにパウロにとって、誇りである教会でした。

そしてパウロが計画を変更したのは、コリントの教会の霊的益を考えてのことでした。彼らがより豊かに「神の恵み」を受けるためにしたことでした。しかしそのことで、パウロは非難されたのです。これは彼にとっては、やはり大きな悲しみであったと思います。

外に現れた行為は同じでも、その人を信頼しているか否かで、評価が大きく変わってしまうということがあります。パウロに対する深い信頼があれば、彼が計画を変更したことを悪意に取ることはなかったでしょう。パウロが熟考した上での霊的判断だと受け止めたでしょう。しかし、そうは受け止められない人たちがいました。パウロに対する不信を深めた人たちがいました。

パウロは計画の変更を、間違いなく祈りの中で熟考して決断したことでしょう。コリント教会の益を考えて、決断したことでしょう。しかしその善意を悪意に取る人たちがいました。これはパウロにとって、本当につらいことであったと思います。


パウロはそのような非難に対して弁明していきます。その時、パウロが第一にしたことは、神御自身を証人として立てることでした。一八節にはこうあります。

「神は真実な方です。だから、あなたがたに向けたわたしたちの言葉は、『然り』であると同時に『否』であるというものではありません」。

「神は真実な方です」とパウロは言います。この真実とは、信用に値する、信じるに足るという意味です。神こそ、信用に値する私の証人である、とパウロは言います。神の真実を、自らの真実、自らの言葉の真実の保証として引き合いに出しています。パウロは自分の真実を証明するために、神の真実に訴えました。パウロは、神の真実と、彼自身の言葉の真実を結び付けています。

神が真実であられるとは、神にとって「然り」は「然り」であり、「否」は「否」であるということです。神は、決して軽はずみや移り気の方ではありません。言葉に裏表があることはありません。神の言葉は最も確かで真実です。それは神御自身の真実さに起因しています。

その神の真実によって、パウロは生まれ変わりました。熱心なユダヤ教徒として、キリスト教とキリスト者を憎んでいたパウロが、一八〇度変えられて、キリストの救いにあずかり、キリストの福音を宣べ伝える使徒となりました。彼の人生を一八〇度転換したのが神の真実です。

神は気まぐれに、パウロを救ったり、召し出されたのではありません。変わることのない御心によって、彼の人生を変えられました。神は彼に対して、責任ある関わりをしてくださいました。一時的な関わりではなく、パウロの人生全体を引き受ける形で、彼を召してくださったのです。

パウロの生涯は、このように神の真実に土台を置いていました。パウロは自分の存在に責任を負ってくださる神の真実を知っていました。まさに彼は、神の真実によって、新しく生まれ変わり、生きていたのです。

このことは、パウロだけでなく、私たちも同様です。私たちがキリスト者とされたこと、それは神の真実によることです。揺らぐことのない神の真実の上に、私たちの生は基礎づけられています。全生涯を引き受ける形で、責任ある関わりをしてくださったのが、私たちの神です。

では、そのような神の真実にあずかった者は、どう生きるのでしょうか。神の真実にあずかった者は、自らも真実に生きざるを得ないのです。真実なる神を信じる者は、不誠実な言葉を使うことはできません。裏表がある言葉遣いをすることはできません。「然り」は「然り」、「否」は「否」です。パウロは真実な神を信じる者として、自らの言葉は真実であると述べているのです。

さらにパウロは、弁明のためにイエス・キリストの真実に訴えています。一九節にはこうあります。「わたしたち、つまり、わたしとシルワノとテモテが、あなたがたの間で宣べ伝えた神の子イエス・キリストは、『然り』と同時に『否』となったような方ではありません。この方においては『然り』だけが実現したのです」。

ここにシルワノとテモテが出てきています。シルワノはシラスとも呼ばれますが、パウロの第二次伝道旅行でパウロの同伴者であった人物です。テモテは、第二次伝道旅行の途中で、この宣教チームに加えられました。ですので、パウロが初めてコリントに行った時、この二人も同伴していました。その意味で、シルワノとテモテも、コリント教会とは最初から深い関わりを持っていたと言えます。

パウロは、そのシルワノとテモテと自分が伝えた「神の子イエス・キリストは、『然り』と同時に『否』となったような方ではありません」と述べています。イエス・キリストは真実な方であるということです。そして、その真実なキリストを宣べ伝えたのであるから、自分たちの言葉も真実だというのです。

彼らはキリストの真実を宣べ伝えました。自分自身の考えや教えを宣べ伝えたのではなく、神の御子イエス・キリストを宣べ伝えました。そのキリストが真実な方ですから、パウロが語る言葉もまた真実なのです。

キリストの真実と、その福音を宣べ伝える者の真実は、切り離されません。キリストが真実であるのに、そのキリストを伝える者の言葉が不誠実であるということはあり得ません。もちろん、パウロをはじめ、私たちキリストを伝えている者の言葉はなお罪人です。キリストと同じ真実を持てるわけではありません。しかし、イエス・キリストの福音を信じる人は、キリストの真実の影響を受けます。キリスト者はキリストと結び付いて、キリストとの交わりの中に生きるのですから、そのキリストの影響を受けないということはあり得ません。キリストの御性質が、私たちの性質や生活にも現れてくるのです。

一九節の後半に「キリストにおいては『然り』だけが実現した」とあります。神の子イエス・キリストは、父なる神の御旨に対する「然り」そのものです。その存在自体が、神の御旨に対する完全な「然り」です。

さらに二〇節の前半に「神の約束は、ことごとくこの方において『然り』となったからです」とあります。この「神の約束」とは、旧約聖書を通してなされた「神の約束」を指します。旧約聖書に記されていた神の約束、すなわち、救いの約束、救い主の約束は、キリストにおいてことごとく実現しました。

この言葉は、パウロの旧約聖書理解を明確に示している御言葉と言えるでしょう。旧約聖書に記されていた神の約束は、一つもたがわずキリストにおいて実現しました。アブラハム、モーセ、ダビデを通してなされた神の約束が、キリストにおいて実現しました。何千年も前になされた神の約束であっても、神はそれを確実に成就してくださいました。すべての約束が成就したことに、神の真実が証しされています。神が約束を守られない方であれば、その神は「真実の神」とは呼ばれません。しかし神は、すべての約束をイエス・キリストにおいて成就してくださいました。ですからキリストは、まさに神の「然り」なのです。キリストにこそ、神の真実が最も鮮やかに示されているのです。

その神の真実、キリストの真実に対して、私たちはどう応答したら良いのでしょうか。パウロは二〇節の後半でこう述べています。

「それで、わたしたちは神をたたえるため、この方を通して『アーメン』と唱えます」。

神の真実にあずかった者は、神を賛美し、神に対して「アーメン」と唱えて生きる者となります。神の真実、キリストの真実が、神礼拝に結び付きます。

礼拝とは、キリストにおいて現れた神の「然り」に対して、私たちがそれに「然り」つまり「アーメン」と応答するものです。「アーメン」とは、ヘブライ語で「まことに」という意味です。「然り」という意味です。相手の言葉に対して「まことにそのとおり」と応答する言葉です。ユダヤ教の礼拝からキリスト教会に受け継がれた言葉です。

神の真実に対して、神の確かさに対して、私たちが心から「アーメン」と答える。それが神礼拝です。ですから私たちは礼拝において、何よりも神の言葉を聞くのです。そして「アーメン」と応答する。祈りと賛美と献金によって、応答するのです。

神は真実な方であられ、その真実は何よりもキリストにおいて成就しています。この真実が、私たちの確かさの土台であり、保証です。

私たちはいずれも、弱く、不安定な者たちです。状況によって、また他の人の言葉や態度によって、右に左にと揺れ動く傾向を誰でも持ちます。不安定さを持つ者たちです。

ですから私たちは「然り」という確かな声を聞きたいのです。「あなたは大丈夫」「あなたはそれ良い」という言葉を聞きたい。自分を根源的に支えてくれる言葉を聞きたいのです。

そのような言葉を語ってくださるのが、真の神であるイエス・キリストです。イエス・キリストによって、私たちは「然り」とされました。罪を完全に赦され、神の子とされました。救いのために必要なことはすべて、イエス・キリストが成し遂げてくださいました。それゆえキリストは私たちに、「もう、何もおびえなくても良い、大丈夫だ、安心しなさい」と語ってくださいます。

私たちの確かさは、この神の確かさ、キリストの確かさにあります。神の真実とキリストの真実が、私たちの確かさの土台です。ですから私たちの確かさは揺らぎません。私たちは安心して生きることができます。これがキリスト者の幸いです。

それゆえ私たちは、この神を礼拝し、キリストを通して「アーメン」と唱えるのです。

一章二一―二四節

保証として与えられた聖霊

わたしたちとあなたがたとをキリストに固く結び付け、わたしたちに油を注いでくださったのは、神です。神はまた、わたしたちに証印を押して、保証としてわたしたちの心に〝霊〟を与えてくださいました。

神を証人に立てて、命にかけて誓いますが、わたしがまだコリントに行かずにいるのは、あなたがたへの思いやりからです。わたしたちは、あなたがたの信仰を支配するつもりはなく、むしろ、あなたがたの喜びのために協力する者です。あなたがたは信仰に基づいてしっかり立っているからです。


パウロはコリントに訪問する計画を変更しました。この計画変更が、パウロに対する非難の原因となりました。このことが、パウロに対して好意的でなかった人々に非難の機会を与えることになりました。彼らは、パウロは軽はずみな人間だと言いました。さらにパウロは人間的な考え、すなわち肉に従って生きていると言いました。さらには、パウロの言葉は信用できない。パウロが「然り」といっても、それはすぐに「否」に変わるのであり、言うことがころころ変わって当てにはならない、と言いました。

一章一五節以下の御言葉は、そのような非難に対するパウロの弁明です。弁明のために、パウロが第一にしたのは、神の真実に訴えることでした。一八節に「神は真実な方です」とあります。パウロは神御自身を証人として立て、神こそ信用に値する私の証人であると言っています。

さらにパウロは、弁明のために、キリストの真実に訴えました。一九節に「わたしとシルワノとテモテが、あなたがたの間で宣べ伝えた神の子イエス・キリストは、『然り』と同時に『否』となったような方ではありません。この方においては『然り』だけが実現したのです」と言っています。

イエス・キリストは真実な方であられる。それゆえ、その真実なキリストを宣べ伝える私たちも真実なのだ、とパウロは言います。

そして二〇節にあるように、神の約束は、ことごとくキリストにおいて「然り」となりました。旧約聖書に記されていた神の約束は、ことごとくキリストにおいて実現しました。ことごとくキリストにおいて「然り」となったのですから、キリストには、またキリストの救いには何のあいまいさもありません。

ではそのキリストによる救いとは何なのでしょうか。二一節、二二節はそれを記しています。神がキリストにおいて私たちに与えてくださった救いとは何なのか。その確かさがここに表現されていると言えます。

ここには、四つのことが記されています。キリスト者に実現している四つのことです。それは、「キリストに結び付ける」「油を注ぐ」「証印を押す」「霊を与える」の四つです。これらすべてが、神による「然り」です。「然りかつ否」というようなあいまいなものではありません。極めて明瞭な、「然り」として、これらのことがキリスト者に実現しています。

第一は、キリストに固く結び付けられていることです。二一節前半には「わたしたちとあなたがたとをキリストに固く結び付け」とありますが、「キリストに固く結び付け」の部分を直訳すれば、「キリストへと固く立て」となります。動詞は「固くする、堅固にする、確実にする」という意味です。それに「キリストに向かって」という言葉が付いていますから、「キリストへと固く立てる」「キリストに向かって確かな者とする」という意味です。

キリストとの交わりの中にしっかりと立っている、つまり、キリストに固く結び付けられているということです。キリストに固く結び付けられている者が、キリスト者です。私たちの堅固さ、確かさはここにあります。それ以外のところにはありません。

そのように私たちをキリストへと固く結び付けてくださったのは神です。神の恵みの御業として、そのことがなされました。私たちは、自分の努力によって自らの堅固さを築くのではありません。信仰というのは、自分が御言葉に従い、それに忠実に生きることによって、堅固さを築いていくことではありません。確かさ、堅固さを、私たちは自分で作り出していくのではありません。私たちの堅固さは、神が私たちをキリストに結び付けてくださったところにあります。

神の御業にそれはあるのです。私たち自身の業にあるのではありません。私たちがどんなに努力し、精進したとしても、私たちの業は弱さを伴い、愚かさを伴います。罪と無関係ではありません。ですから、そこにおよそ確かなものはありません。そこに堅固な何かを見出すことはできません。土台になるようなものはありません。

もしも私たちの業が、努力が、信仰の土台であるならば、それはいつか崩れ去るでしょう。信仰の土台になりうるのは、神の御業のみです。ですから私たちは、自分の業や自分自身ではなく、神の御業、キリストの御業に目を留める必要があるのです。

神が、私たちをキリストに固く結び付けてくださいました。キリストとの結合によって、キリストの贖いの業が私たちのものとなりました。キリストの十字架の死が、私の罪のための犠牲となり、またキリストの復活が、私の死に対する勝利の確かさになりました。

そこに私たちの確かさがあります。私たちの確かさは、ただキリストにあります。私たちの信仰生活には多くの欠けがあります。愚かな思い、軽率な言葉や行いから、私たちは自由ではありません。誠実に自己を見つめるならば、自分には神の御前に誇れるものが何もないことが分かります。

私たちは誰しも、自分自身の内に確かさはありません。しかしキリストに私の確かさがあります。キリストへと固く立てられているところに、私たちの確かさがあるのです。

この確かさは、自分の状況に左右されないものです。自分がどんな状況になっても、何が起こっても、変わらない確かさが、私たちには与えられています。キリストの確かさが私たちの確かさであるとは、そういう意味なのです。

キリストによる救いの第二の点は、キリスト者は油を注がれていることです。旧約の時代、預言者、祭司、王を彼らの任務に就かせる際、油が注がれました。油注ぎは任職の儀式でした。それによって、その務めの資格を与えられ、また任務を果たすための権威が与えられました。さらに神が、それに必要な力を上より与えてくださいました。

同様にキリスト者も、神によって聖別され、その任務のために資格づけられている者だと言えます。そのために、聖霊が与えられています。キリスト者にとっての油注ぎとは、通常、聖霊の注ぎを意味します。

ただ、ここでは、過去の一回的な行為を表す動詞の時制が用いられていますので、洗礼のことが意識されていることが分かります。キリスト者に聖霊が与えられることは、一回的なことではありません。洗礼を受ける前に、すでに聖霊が与えられていますし、洗礼を受けた後も、与えられ続けます。しかしやはり、洗礼を受けることには、聖霊が与えられるという約束が伴っているのであり、ここはそのことを特に意識して語られているのだと思われます。


キリストによる救いの第三の点は、キリスト者は証印を押されていることです。ここで「証印を押す」と訳されている言葉は、商業用語で、例えばその文書に証印が押してあれば、それが本物であることを証明することになります。この中身は本物であるから、誰もこれに手を加えないようにという意味を持ちます。

聖書ではこの証印が、比喩的に用いられてきました。たとえば旧約聖書の中では、神に受け入れられた人に押される印のことが出てきます。たとえばエゼキエル書九章にこうあります。

「主は彼に言われた。『都の中、エルサレムの中を巡り、その中で行われているあらゆる忌まわしいことのゆえに、嘆き悲しんでいる者の額に印を付けよ』。また、他の者たちに言っておられるのが、わたしの耳に入った。『彼の後ろについて都の中を巡れ。打て。慈しみの目を注いではならない。憐れみをかけてはならない。老人も若者も、おとめも子供も人妻も殺して、滅ぼし尽くさなければならない。しかし、あの印のある者に近づいてはならない』」（エゼキエル九・四―六）。

神の容赦ない裁きがなされるのですが、この印を押された者は神の守りの中に置かれます。新約聖書でもたとえばヨハネの黙示録には、神の刻印を押されている者が守られて救いに入ることが記されています。

このように「証印」は、救いに定められた者を保護する印です。真の神の民であることの印であり、その印が神によってキリスト者に押されています。その証印は私たちには見えませんが、神が、この者は本当の神の子であるという証拠として押していてくださいます。その刻印のゆえに、私たちは確かな守りの中に置かれているのです。

キリストによる救いの第四の点が、保証として私たちの心に聖霊が与えられていることです。この「保証」と訳されている言葉も商業用語で、いわゆる手付金のことです。手付金とは、売買契約に際して、後で全額を支払うことを前提として、一部分払うお金のことです。後の全額の支払いを保証するために、まず払われているお金のことです。

これが救いに譬えられています。聖霊が保証、手付金だと言われています。つまり、聖霊が与えられていることが、未来における完全な救いを保証します。すなわち、聖霊を受けていることが、救いの確かさの証拠になります。救いの完成は、将来のことですが、その最終的救いの手付金として、神は私たちに聖霊を与えてくださっています。

まさに聖霊は私たちの救いの保証です。では、その聖霊が与えられていることを、私たちは何によって知ることができるのでしょうか。聖霊を受けていることを、何らかの信仰的な体験に求めることは正しいことではありません。信仰の体験が重要ではないということではありません。信仰の体験は重要なものです。しかし、神の御言葉を離れた形で体験が求められること、それも聖霊が与えられていることの証拠として体験が求められることは、正しい道筋ではありません。

救いの保証、救いの確信の第一の根拠は、神の御言葉の約束です。神の御言葉を離れた形で、救いの確信が与えられることはありません。神の御言葉が語る内容が、自分のこととして納得し、理解できるということ、そこに何より聖霊の働きを見出すことができます。聖書を読んで、罪の自覚を与えられ、キリストを救い主と信じるようにされていること、それが何より聖霊の働きです。聖霊によらなければ、誰もイエスは主であると告白できないとある通りです。

神の約束が救いの確信の第一の根拠です。しかしそれが確信の根拠のすべてではありません。神の言葉の優先性という前提の上で、この約束に伴って与えられる聖霊の恵みの御業を覚えることができるからです。

神の救いの御業は、常に、恵みの賜物を伴います。救いだけにあずかって、聖霊の賜物に全くあずからないということはありません。キリスト者の中には必ず聖霊の御業があります。たとえばヨハネが「わたしたちは、自分が死から命へと移ったことを知っています。兄弟を愛しているからです」（Ⅰヨハネ三・一四）と述べたように、自らの内に生来の自分にはなかった兄弟姉妹に対する愛を見出した時、そこに御霊の働きを知ることができます。

キリストの内に麗しさを見出したり、キリストの御名によって祈る思いを与えられたり、また自分の霊的貧しさを痛感させられることは、御霊が与えられなければ起こりません。そうした御霊の御業を自らに内に見出して、自らが神のものとされていることを知ること。それはキリスト者に許されていることであり、また大切なことと言えるのです。

先ほど私は、私たちの確かさはキリストにあるのだから、自分自身ではなくて、キリストを見つめることが大切だと言いました。その通りです。救いの根拠はそこにしかありません。自分の内のいかなるものも、救いの根拠にはなり得ません。しかし、その前提の上で、自分の内側に御霊の御業を覚えることはできるのです。

人を愛せない自分を見出して真に悲しむこともまた、御霊の御業です。罪を嘆き悲しむことも、御霊の御業です。その行為自身に、神の前に功績としての価値があるわけではありません。しかし、聖霊が確かに自分の内に宿っていてくださっている「しるし」と考えることはできます。

そして聖霊が与えられていることは、救いの確かさの証拠です。それゆえに、私たちはそこで、慰めをいただくことができるのです。


二三節以下に進みます。パウロはここから本格的に、旅行計画を変更した理由を述べていきます。これまでは、いわば中傷を退ける形での弁明でした。計画の変更は、軽はずみや人間の考えによったのではないと述べました。

ではいったいなぜだったのでしょうか。なぜ伝えていた旅行計画を変更したのでしょうか。その積極的理由をここで述べます。パウロは二三節で言います。

「神を証人に立てて、命にかけて誓いますが、わたしがまだコリントに行かずにいるのは、あなたがたへの思いやりからです」。

パウロは「あなたがたへの思いやりから」だと言っています。「思いやり」と訳されている言葉は「寛大に扱う」という意味です。つまりパウロは、コリントの信徒たちに対して寛大でありたいから、行かずにいるのだと言います。コリントに行ったならば、どうしても、コリントの人々に厳しく臨まなければならない。そういう事情がありました。そしてパウロは使徒として、罪と不正を罰する権限を持っていました。権限は持っているけれども、寛大でありたいから、今は行かずにいるのだとパウロは言うのです。

こう言ってすぐに、パウロは自分の表現が誤解されやすいことに気づいて、言葉を補いました。それが二四節です。

「わたしたちは、あなたがたの信仰を支配するつもりはなく、むしろ、あなたがたの喜びのために協力する者です」。

コリントに行ったら罰さなければならないということは、信仰を支配することではないと言います。パウロは確かに使徒としての召命を受けていましたから、キリストの教会が神の前に正しくなるために、時には使徒としての権威をふるう必要がありました。教会を惑わし、かき乱している者を放置することはできません。譴責を与えることも必要でした。しかしそれは、彼らの信仰を支配することではありません。

信仰を支配するとは、相手の信仰を自分の意のままにすることです。あたかも自分のものであるかのように扱うことです。パウロはそういうつもりは全くないと明言します。

信徒たちの信仰の支配者になるつもりはない。パウロは基本的に、信徒たちの信仰を尊重していました。なぜなら、二一節、二二節で見たように、キリスト者はキリストに結び付き、油注がれ、証印を押され、保証として聖霊を与えられている者だからです。端的に言えば、キリスト者はまさに神のもの、キリストのものに他なりません。そのキリスト者の信仰の支配者になることはできません。

パウロは、神がコリントの信徒たちに与えられた信仰をどこまでも尊重し、信頼していました。それゆえ二四節後半でも「あなたがたは信仰に基づいてしっかり立っているからです」と言っています。

コリントの信徒たちにはたくさんの問題がありました。しかしパウロは「あなたがたは信仰に基づいてしっかり立っている」と言います。人間的には、立っているようには見えない危うさがありました。しかし、神が立てられたのです。信仰を与えられたのです。イエス・キリストを救い主、主と告白する信仰を、神が与えられたのです。

それゆえその人は、神の人であり、証印を押されています。保証としての御霊が与えられています。そのことを信じて、どこまでも尊重する姿勢を持っていました。

私たちも互いにそのような姿勢を持つことが求められています。キリストを主と告白する者は、神によって証印を押された者であり、保証としての聖霊を与えられている者です。そのことを尊重し、信頼して、関係を築いていく必要があるのです。

二四節でパウロは、自らの役目を「喜びのために協力する者」だと言いました。パウロの積極的使命は、信徒の喜びがより大きく、深くなることを助けることでした。キリストによる喜びが、一人一人により豊かに溢れるようになること、それを助けることです。

これこそが、牧師、伝道者の根源的な使命です。しかしそれは、牧師だけの使命ではないでしょう。私たちキリスト者は、神によって証印を押され、保証としての聖霊が与えられています。キリストのものとされ、永遠の救いが保証されています。これ以上に喜ばしいことはありません。

救いは喜びであり、信仰のあるところにはいつでも喜びがあります。信仰と喜びには深い関係があります。喜びのない信仰はどこかが病んでいます。しかし、実際は病むことがあります。私もそういう時がありましたし、今でもないわけではありません。だから、互いに助け合い、支え合うことが重要なのです。

パウロは、キリスト者に与えられている圧倒的な恵みを確信し、それゆえに、個々人の信仰を尊重し、信頼しつつ、喜びのために協力する者になりました。ここに、私たちのモデルがあります。神の恵みの大きさをまず知り、その恵みにあずかっている人の信仰を尊重し、その上で、互いの喜びのために仕えるのです。

教会に喜びが溢れること、それが伝道者としての私の願いであり、また何より主御自身が願っておられることです。救いに基づく真の喜びが溢れる時、教会の宣教の御業は、確実に前進するのです。

一章二三節―二章四節

愛の感覚

神を証人に立てて、命にかけて誓いますが、わたしがまだコリントに行かずにいるのは、あなたがたへの思いやりからです。わたしたちは、あなたがたの信仰を支配するつもりはなく、むしろ、あなたがたの喜びのために協力する者です。あなたがたは信仰に基づいてしっかり立っているからです。そこでわたしは、そちらに行くことで再びあなたがたを悲しませるようなことはすまい、と決心しました。もしあなたがたを悲しませるとすれば、わたしが悲しませる人以外のいったいだれが、わたしを喜ばせてくれるでしょう。あのようなことを書いたのは、そちらに行って、喜ばせてもらえるはずの人たちから悲しい思いをさせられたくなかったからです。わたしの喜びはあなたがたすべての喜びでもあると、あなたがた一同について確信しているからです。わたしは、悩みと愁いに満ちた心で、涙ながらに手紙を書きました。あなたがたを悲しませるためではなく、わたしがあなたがたに対してあふれるほど抱いている愛を知ってもらうためでした。

二三節でパウロは「神を証人に立てて、命にかけて誓いますが」と語り始めています。パウロは自分の命をかけて、神を証人としています。自分の言葉に偽りがあれば、神が自分を滅ぼしてもよいと言います。神を証人として、自分の言葉の真実性を保証しようとしています。「神を証人に立てて、命にかけて誓う」。これは本当に重いことです。パウロは自らの存在をかけて、神の御前に立っています。それは同時に、相手にも「この神の御前に立ってもらいたい」という呼びかけを含んでいます。「私は神を畏れて、神の御前に語る。あなたがたはどうなのか。私を非難している人は、神を証人として、神の御前に語ることができるのか」と問いかけています。

パウロはまず神の御前に自らが立とうとしました。神の御前に恥じることのない良心を持って、自らが御前に立とうとしました。自分自身を神の御前に問うことから始めました。

パウロを非難していた人たちはそうではなかったのでしょう。計画を変更したパウロ自身をいたずらに問題にしました。自分のことはともかく、人のことを問題にしました。

しかし私たちはまず、自分自身が神の御前に出ることから始めなければなりません。自分自身を神の御前に問うことを抜きにして、人のことを問題にしてはいけません。パウロは神の御前に自分の行動を恥じないことをモットーにしていました。私たちも、常にここから始める必要があります。

計画を変更してコリントに行かなかった理由として、パウロは二三節で「わたしがまだコリントに行かずにいるのは、あなたがたへの思いやりからです」と述べています。

パウロは計画を変更して、エフェソから直接コリントに行きました。中間訪問と呼ばれるものです。このコリント訪問の際に何があったのか。聖書は直接的にそれを記していませんので、ある程度のことしか分からないのですが、おそらくそこでパウロは、ある人から大変な侮辱を受けました。

問題は、彼が直接侮辱を受けたことだけでなく、その時コリントの信徒たちがパウロを擁護せず、冷淡にも中立を保ったことです。このことがむしろ、パウロを傷つけました。コリント教会はパウロが生み出した群れであり、パウロにとってまさに子どものように、特別に愛している群れでした。その彼らがパウロを擁護してくれませんでした。それがパウロにとって大きなショックだったのです。

パウロは失意の中でコリントを後にしてマケドニアに行きました。本来であれば、マケドニアから再びコリントに戻る予定でした。しかしパウロはすぐに戻ることを躊躇しました。彼も傷ついていました。また、コリントに戻れば、今回の事件に関連して、コリントの信徒たちに対して厳しい態度で臨み、場合によってはこれを罰しないわけにはいきませんでした。パウロは使徒として、教会における罪と不正を罰する権限を持っていました。今コリントに行けば、それを行使せざるを得ません。しかしそれは、コリントの信徒たちを苦しめることになります。

そこでパウロは、冷却期間を置き、彼らが自ら進んで悔い改めることを期待することにしました。二三節にある「わたしがまだコリントに行かずにいるのは、あなたがたへの思いやりからです」とは、そのことを意味しています。すぐに行って厳しい態度を取るのを控えました。パウロが使徒の権威で処罰するのではなく、彼らが自ら反省し、正しい信仰に立ち帰るのを期待したのです。

二章一節も、そのパウロの思いを表している言葉として読むことができます。

「そこでわたしは、そちらに行くことで再びあなたがたを悲しませるようなことはすまい、と決心しました」。

すぐにパウロがコリントに戻れば、使徒の権威に訴えて厳しい態度を取らざるを得ません。しかしそうすれば、確実にコリントの信徒たちを悲しませることになります。コリントの信徒たちを悲しませることは、同時に、パウロの深い悲しみでありました。パウロはコリント教会に対して父親のような愛を抱いていました。ですから愛の鞭を加えて彼らを矯正しなければならないことは、本当につらいことであり、できれば避けたいことでした。

二節は、パウロがコリントに行かない決心をした理由です。

「もしあなたがたを悲しませるとすれば、わたしが悲しませる人以外のいったいだれが、わたしを喜ばせてくれるでしょう」。

パウロがコリント訪問を中止したのは、もし訪問すれば必ずコリントの信徒たちを悲しませることになるからです。コリント訪問。パウロにとって彼らは、本来、パウロを喜ばせてくれる存在でした。パウロを励ましてくれる存在でした。その彼らを、パウロは悲しませたくありませんでした。

この二節の表現にあるように、パウロとコリントの信徒たちの間には、深い心情的な一致がありました。パウロにとっての喜びがコリントの信徒たちの喜びであり、逆にコリントの信徒たちの喜びがパウロの喜びでした。悲しみについても、同じような共有関係がありました。パウロにとって、コリントの信徒たちの悲しみはまさに自分の悲しみであったのです。

ここには牧会者の一つのあるべき姿が現れていると言えます。牧会者が、会衆とこのように心を一つにしていることが大切です。宗教改革者カルヴァンはこう述べています。

「仕え人たちがこのような心を持つならば、人々の心をおびえさせたり、かきみだしたりすることのないもっともよい方法を心えているといえる。かえって、仕え人たる者は、むしろ明るい・快活なやさしさをもって、人々の心をはぐくまなければならない」（『カルヴァン・新約聖書註解Ⅸ　コリント後書』田辺保訳、新教出版社、一九六二年、三九頁）。

教会において務めを与えられている者、言うまでもなく牧師がその代表ですが、そのような者は、このパウロのような心を持っていなければならないとカルヴァンは言います。パウロは確かに処罰する権威がありました。そしてもし、コリントの信徒たちに対するこのような心情的一致がなかったならば、躊躇なく、正義の名の下で、処罰がなされたでしょう。しかしそれで本当に教会が立つのかといえば、立たないのです。

確かに教会において、正義が貫かれ、聖さが守られる必要があるでしょう。そのための権能の行使も必要でしょう。しかしそれは、群れに対する愛、心情的一致があって初めて、建徳的に、適切になされます。

教会において、務めを与えられている者に必要なのは、何よりも群れに対する深い愛情と、心情的一致です。それがあって初めて、教会は健全に育まれていくのです。

こうしてパウロは、計画通りコリントに戻ることをせず、エフェソに帰りました。そしてコリントの信徒たちに手紙を書きました。三節にこうあります。

「あのようなことを書いたのは、そちらに行って、喜ばせてもらえるはずの人たちから悲しい思いをさせられたくなかったからです」。

「あのようなことを書いた」とありますが、おそらくその手紙でパウロは、コリントの信徒たちに対して、ある者たちの処罰を迫ったものと思われます。パウロを攻撃し、教会を混乱させ、撹乱している者たちがいました。その者たちを放置せず、必要な処置を取るように願いました。パウロが前回の訪問で味わったような悲しみが、二度と起きないように適切な処置をすることを願いました。

このパウロの手紙は、現存していませんので、具体的にどのようなことが書かれたかは分かりません。しかしおそらくそれは、かなり厳しい手紙であったと思われます。パウロはその厳しい手紙をコリントの信徒たちに送りました。それは、それだけパウロはコリントの信徒たちを信頼していたからです。パウロの思いをしっかり受け止めてくれると信じていたからです。三節後半にこうあります。「わたしの喜びはあなたがたすべての喜びでもあると、あなたがた一同について確信しているからです」。

これはパウロのコリントの信徒たちに対する信頼の言葉と言えます。確かにパウロの厳しい手紙は、コリントの信徒たちを悲しませるかもしれません。しかしパウロは、互いの関係についての確信のもとにあえてこれを書きました。

その確信とは、パウロにとっての喜びがコリント教会の喜びであるという確信でした。確かに今、コリント教会には混乱があり、パウロとの間にある緊張がありました。しかしパウロは、自分とコリント教会の関係が根本においてはなお健全であると信じていました。喜びを共有し合える関係であると信じていました。ですから、パウロは自ら乗り込んで、権威ある使徒として処置するのではなく、手紙を送り、彼ら自身の手で問題を処置してくれることを期待しました。それが、悲しみを小さくすることだとパウロは考えました。パウロの悲しみ、またコリントの信徒たちの悲しみをより小さくするために、パウロはコリントに帰るのをやめて、手紙を書いたのです。

しかしその手紙も、パウロは平然とした思いで書いたのではありませんでした。四節にはこうあります。

「わたしは、悩みと愁いに満ちた心で、涙ながらに手紙を書きました」。

「悩み」と訳されている言葉のもともとの意味は、「押し付ける、押しつぶす、圧迫する」というものです。ここでは心が押しつぶされそうな思い、圧迫されている状態を意味していると言えるでしょう。また、「愁い」と訳されている言葉には、「牢獄」という意味もあります。心が牢獄に入っているような、そのような心の愁いを表しています。

パウロのこの手紙は、おそらくコリントの信徒たちの非を悟らせ、パウロに不義を働いた者を罰することを求める、厳しい内容を含んでいたと思われます。それはやはり、彼らに悲しみを与えるものでした。

しかしパウロは、平然とコリントの信徒たちを悲しませる手紙を書いたのではありません。コリントの信徒たちを悲しませる手紙を書かざるを得なかった時、パウロもその同じ悲しみを味わっていたのです。

パウロはコリント教会を訪ねた時、ひどい扱いを受けました。侮辱され、傷つけられました。また多くの人から冷淡な扱いを受けました。ですから彼が、それに対する怒りをコリントの信徒たちにぶつけたとしても不思議ではありません。

しかしパウロはそうはしませんでした。なおコリントの信徒たちを信頼し、彼らの悲しみが小さくなる方法を選び、そして手紙を書く際も、四節にあるように、心が押しつぶされそうな思いの中で、涙を流しながらそれを書きました。

パウロはなぜ涙を流しながら手紙を書いたのでしょうか。それは何よりも、コリント教会の状況を憂いていたからだと思われます。パウロが手紙の中で、自らの涙に言及しているのはもう一か所だけです。それはフィリピの信徒への手紙三章一八節です。

「何度も言ってきたし、今また涙ながらに言いますが、キリストの十字架に敵対して歩んでいる者が多いのです」。

ここでパウロが涙ながらに訴えたのは、「キリストの十字架に敵対して歩んでいる者が多い」ということでした。キリストの十字架に敵対する者は滅びるのです。しかしその者が多い。そのことが、パウロの嘆き、涙にならざるを得ませんでした。

そう考えますと、パウロがここで涙ながらに手紙を書いたのは、コリントの信徒たちの魂に対する愁いからであったと言えるでしょう。コリント教会で起こっていた問題は、決して単なる人間同士の争いではありませんでした。それは、人の魂の救いの問題が関わっていました。人々を真の救いから遠ざける誤った教えの問題がありました。ですからパウロは、彼らの救いのことを憂いて、涙ながらに手紙を書いたのです。

パウロがひたすら願っていたのは、コリントの信徒たちの救いでありました。しかし、一部の者たちのゆえに、それが脅かされていました。パウロは何よりもそれを憂いていました。パウロはその思いを、この手紙に込めました。パウロのコリントの信徒たちに対する愛を知らせようとしました。四節後半にこうあります。

「あなたがたを悲しませるためではなく、わたしがあなたがたに対してあふれるほど抱いている愛を知ってもらうためでした」。

パウロはコリントの信徒たちに対して、本当に溢れるばかりの愛を抱いていました。それゆえ、彼らが誤った教えに惑わされて、救いから落ちようとしていることに耐えられません。そのことを思えば、涙を流さざるを得ません。

パウロは厳しい内容の手紙を書きましたが、それは決して、彼らを悲しませるためではありません。自分が傷つけられた怒りの捌け口として書いたのではありません。あくまで、キリストにある自分の愛を知ってもらうために書きました。

そして真実に愛していたがゆえに、パウロは問題に目をつぶることはできませんでした。まっすぐに問題と向き合いました。困難な状況と向き合うことは、それを回避するよりも、大きな愛を必要とします。パウロは悩みと愁いの中でそれをしました。それは何より、彼らに対する愛のゆえでありました。

七章で明らかになりますが、この涙の手紙は、コリントの信徒たちを悔い改めに導くことになります。パウロの愛が彼らに通じたのです。

今日学んできました御言葉には、パウロの心情が本当に率直に表されていました。「喜び」「悲しみ」「悩み」「愁い」「涙」「溢れるほどの愛」という言葉が並んでいました。感傷的と思われるほどに、パウロの心情が率直に表現されている箇所だと言えます。

それが、伝道者としてのパウロの生の姿でありました。パウロは使徒として、教会を正す使命があり、実際に厳しく対処したこともありました。しかし彼は、平然とそれができたのではありません。痛みがあり、悲しみがあり、涙がありました。

何よりパウロが求めていたのは、信徒たちと共にキリストにあって喜ぶことでした。三節に「わたしの喜びはあなたがたすべての喜びでもある」とあったように、喜びを共有すること、キリストにある喜びに共に生きることが、パウロの最も望んでいたことでした。

それゆえ彼は自らの使命についても、一章二四節で「あなたがたの喜びのために協力する者」と述べました。人々が真の喜びに生きることができるように仕える。それがパウロの務めでした。単に正しいことを教えて、上から人を支配するのではありません。むしろ一人一人が、神との正しい豊かな関係に立てるように仕えるのです。神との交わりの喜びを知り、それに生きることができるように仕える。それがパウロの使命でした。

それこそが愛であると言えるでしょう。愛とは正しいことを上から押し付けて支配することではありません。その人が、キリストにある真の喜びに満たされるように助けること、それが愛です。その人が、本当に神に造られた人として、喜んで生きることができるように助けること、それが愛です。本当のその人自身になれるように助けること、それが愛です。

ある説教者は、愛の感覚について次のように述べています。

「正しい愛の感覚は、人々の魂の深い現実を見すえているのです。自分の言葉や行為をただ客観的に正しいかどうかと思いめぐらして、自分は正しい、間違ってはいなかったと胸をなでおろし、自分を理解しない人々を批判したり攻撃したりするのではなく、他の人々の胸の奥に、自分が本当の喜びや希望をもたらし得たかどうかと常に問う、これが愛の感覚なのであります」（阿部洋治『コリント人への第二の手紙』聖学院ゼネラル・サービス、二〇〇二年、九一頁）。

真の喜びや希望に生きることができるように助けること。そこに真の愛があるのです。

パウロは堅く真理に立つ使徒であり、その点で一切妥協のない人でありました。しかしそのことと、今日の御言葉に見られたような、人間としての心の繊細さというものは決して矛盾しません。

ですからキリストの教会は、本当の意味で、深く人間が、また心が受け止められるところであり、配慮がなされるところです。パウロの姿勢はそのことをよく示しています。

愛とは、単に正しいことを語ることでありません。それを押し付けることではありません。むしろパウロに見られたように、自分の語る言葉、自分のなす業の一つ一つが、本当の意味で他の人の魂を喜ばせているかを問うことです。それが私たちに求められている愛の感覚だと言えます。自分が人々にどう評価されているかではなくて、自分の存在が自分の周囲の人々の魂にどのような影響を与えているかが問題なのです。そして主が求めておられるのは、キリストにあって喜びと悲しみを一つにして生きることです。

私たちがそのような愛の感覚を持って生きることができるのは、一人一人が自分に対するキリストの愛の深さ大きさを知ることによる以外にはありません。キリストの愛を薄っぺらな愛としてしか知らないならば、私たちの愛も薄っぺらなものとなります。

しかしイエス・キリストは、私たちの存在全体を受け入れ、愛していてくださいます。それが十字架の愛です。福音によって示されている神の愛です。その愛を深く味わい知るときに、私たちも他者を愛する者とされます。そこで教会は、真の意味での愛の共同体となるのです。

悲しみの原因となった人がいれば、その人はわたしを悲しませたのではなく、大げさな表現は控えますが、あなたがたすべてをある程度悲しませたのです。その人には、多数の者から受けたあの罰で十分です。むしろ、あなたがたは、その人が悲しみに打ちのめされてしまわないように、赦して、力づけるべきです。そこで、ぜひともその人を愛するようにしてください。わたしが前に手紙を書いたのも、あなたがたが万事について従順であるかどうかを試すためでした。あなたがたが何かのことで赦す相手は、わたしも赦します。わたしが何かのことで人を赦したとすれば、それは、キリストの前であなたがたのために赦したのです。わたしたちがそうするのは、サタンにつけ込まれないためです。サタンのやり口は心得ているからです。

二章五—一一節

赦しの共同体

新共同訳聖書の小見出しには「違反者を赦す」と記されています。何らかの事件があり、その違反者の赦しのことがここで問題になっています。ではその事件とはいったい何なのでしょうか。

これについては確かなことは分かりません。コリントの信徒たちには、これが何のことであるかがすぐに分かるために、パウロは手紙の中で事件の説明をしていません。そこで聖書の学者たちによっていろいろな推測がなされているのですが、確かなことは分かりません。けれども、文章の流れから考えれば、やはり、パウロがコリントに再び戻る予定を変更してエフェソに戻ったこと、そしてそこから四節に記されている「涙の手紙」を書いたことに関連していると読むのが自然だと思われます。

コリントにおいてパウロはある者からひどい侮辱を受けました。パウロを、面と向かってひどく侮辱しました。パウロは傷つけられました。またコリントの信徒たちが必ずしもパウロの側に立たなかったということが、パウロをさらに傷つけました。その後パウロはマケドニアに行きましたが、コリントに帰る計画を変更して、エフェソに戻りました。

次にコリントに行けば、自らの権威を用いて、この事件を厳しく処罰しないわけにはいきません。それはコリントの信徒たちを傷つけることです。ですからパウロは、彼らが自分たちで問題を処理するようにと手紙を書くことにしたのです。それが四節に記されている「涙の手紙」です。

この「涙の手紙」は効を奏しました。コリントの信徒たちは、この人に厳しい戒規を執行したのです。この人は悔い改めに導かれました。彼は、ユダヤ人キリスト者たちの扇動に乗ってしまった自分の愚かさ、その非を認めたのです。

パウロは、コリントの信徒たちが行ったことを聞いて、安堵したと思います。しかし、一方で心配なことがありました。その心配とは、その悔い改めた人がどうなっているのかという心配であり、またこの処罰をしたコリント教会自体に対する心配です。

パウロは五節で「悲しみの原因となった人がいれば、その人はわたしを悲しませたのではなく、大げさな表現は控えますが、あなたがたすべてをある程度悲しませたのです」と述べています。

パウロはここで、自分が傷つけられたにもかかわらず「その人はわたしを悲しませたのではない」

と言っています。パウロは確かに傷つけられて悲しんだのです。しかし真の問題は、パウロ個人が傷つけられたことや、侮辱されたことにあったのではありません。パウロが「その人はわたしを悲しませたのではない」と言っているのは、私が傷つけられたことが中心問題ではない、ということです。そこに真の問題があるのではありません。真の問題は、教会がこのことに対して、当初正しい処置を取らなかったことにありました。神の御旨に沿って行動しなかったことにありました。それがパウロの一番大きな悲しみであったのです。

それゆえ、その人の行動によって害されたのは、パウロ個人というよりも教会自身だったと言えます。だからパウロは「その人は、あなたがたすべてをある程度悲しませた」と述べるのです。この事件によって傷ついたのは、パウロ個人ではなく、それ以上に、コリント教会全体でした。それゆえ、その人に対して処罰がなされたことで、パウロは自分の怒りが収まった、復讐がなされたと言って喜んでいるのではありません。

なお教会のこと、そしてその人自身のことを心配しています。なぜならば、真の問題はコリント教会にあるからです。パウロはこの事件をきっかけにして、コリント教会自身のことを改めて問うていると言えます。

六節にはこうあります。

「その人には、多数の者から受けたあの罰で十分です」。

コリント教会においてパウロの説いた福音に反することを広め、直接パウロを侮辱した人に対して、処罰が与えられました。それがどのような罰であったのか、戒規であったのか、確かなことは分かりません。ただ、この人がコリント教会に留まっていたのは確かでしょうから、除名や追放ではありませんでした。

パウロは確かに「涙の手紙」において、この人に対する処罰を求めました。それは彼の個人的な恨みを晴らすためではなく、教会としてそれが必要であったからです。大きな罪が犯された時、教会はそれを放置してはなりません。あいまいにしてはなりません。

なぜなら罪が罪として処理されなければ、教会は自らの聖さを守ることができないからです。罪が放置されれば、罪はそのまま残ることになりますし、罪に対するあいまいさは、教会の中でさらなる罪を招くきっかけにもなるでしょう。そうなれば、教会の聖さは保たれません。

そして教会に聖さがなくなれば、それは何よりもイエス・キリストの名誉を汚すことになります。教会はキリストの御名の下に集まっているところです。そこが、この世と同等に、またこの世以上に罪にまみれていれば、キリストの栄光を傷つけるのは明らかです。

さらに、罪をあいまいにすることは、罪を犯した本人にも害を及ぼすことになります。罪が処断されなければ、罪の内に留まり続けるかもしれません。そうなれば、その人が滅びてしまうことにもなりかねないからです。

それゆえ教会は、キリストの栄光のため、教会の聖さのため、そして本人の霊的益のためにも、大きな罪は罪として教会的に処置しなければなりません。パウロは手紙でそれを求めました。そしてコリント教会は、実際にその人に対して、その処置を行ったのです。

パウロは六節で「その人には、多数の者から受けたあの罰で十分です」と言っています。つまり、その処置によって目的は十分達成したということです。この人は悔い改めに導かれました。パウロは決して、個人的な恨みを晴らすために処罰を要求したのではありませんでした。個人的な侮辱に対する報復を求めたのではありません。その人が悔い改めたことで十分でした。教会はなすべきことをしたのです。

罪に対して教会がなす戒規は、罪を犯したその人を立て直すことを目指すものです。罪を犯した人を、絶望的な状態に追い込んでしまうような罰には意味がありません。その人が悔い改めて、罪から解放されること、信仰者として立ち直ることが重要です。そのために、教会には戒規があるのです。

ですからパウロは、コリント教会がこの人に対して、適正な処分をしたことでよしとはしませんでした。コリント教会に対して、その人に対するふさわしい配慮がなされることを求めています。七節にはこうあります。

「むしろ、あなたがたは、その人が悲しみに打ちのめされてしまわないように、赦して、力づけるべきです」。

「打ちのめされてしまう」と訳されている言葉は、荒波や激流が人を呑み尽くす様子を示す言葉です。悲しみの中で、溺れ死んでしまう。そういうことがないように、赦して、力づけるべきだと言います。パウロは確かに、罪を犯した人が教会的に処罰されるのは当然だと考えました。それを求める手紙を書きました。しかし、彼が心から願っていたのは、この人の霊的回復でした。

おそらく、コリント教会の中に、処罰を受けたこの人をどこまでも赦そうとしない人がいたのでしょう。教会を混乱させ、パウロ先生を侮辱したこの人を赦せないと思っていた人がいたのでしょう。しかしもしも、教会的な処分を受けた後も彼を赦さない人たちがいたならば、その人がまさに「悲しみに打ちのめされてしまう」危険がありました。教会にいることができなくなり、信仰を失ってしまう危険がありました。パウロはそうなってしまうことを、恐れ、心配しているのです。

パウロは「その人が悲しみに打ちのめされてしまわないように、赦して、力づけるべきです」と言っています。パウロは確かに先に厳しい罰を要求したのですが、教会的な処罰がなされ、その人が罪を悔い改めた今、パウロは彼の最も熱心な弁護者になっています。

これはなかなか難しいことだと思います。私たちは自分が傷つけられたならば、たとえその人が真実に悔い改めたと知っても、なかなか赦すことができないのではないでしょうか。その人に対して一度悪いイメージを持つと、もうそれを変えようとしない。そういう性質を持つのではないでしょうか。

しかしパウロは違います。彼は直接的に傷つけられた人でした。人前で侮辱を受け、攻撃を受けたのです。しかしそのパウロが今や、この人の最大の弁護者になっています。赦そうとしない人たちに赦すように命じています。

パウロが何を求めていたかは明らかです。彼は決して自分が傷つけられたことの怨念を晴らそうとしていたのではありません。彼が求めていたのは、この人が霊的に回復されることでした。神との関係が正されることでした。

教会は罪をあいまいにせずに、時には処罰も必要です。しかしそのすべては、究極的にはその人の霊的益のためであるという姿勢を失ってはなりません。ですからパウロは、もう彼を責めてはいけないと言います。赦さなければならない、力づけなければならない、と言うのです。

さらに八節には「そこで、ぜひともその人を愛するようにしてください」とあります。これは単に一般的な呼びかけとして、彼を愛しなさい、と言っているのではありません。新共同訳ではあいまいになっていますが、直訳すれば「彼に対して愛を発効するようにと勧める」となります。ここは法律用語が用いられています。愛を発効するとは、彼に愛を示すことを法的に決議するということです。つまりパウロは、教会の決議として、彼に愛を示すことを決定してもらいたい、と言うのです。

やはりコリント教会には、この人を赦さない人たちがいたようです。教会的な処置がなされ、悔い改めがなされても、彼を赦さない人たちがいました。しかしそれは不健全なものを教会に生み出します。ですからパウロははっきりと後始末をつける必要があると考えたのでしょう。

教会的な処置がなされたならば、彼を兄弟としてその交わりに入れることを決議しなさいと勧告しました。教会が法的に愛を確認することを求めました。それほどまでにはっきりと、悔い改めた人が教会で赦されて受け入れられることを求めました。そうでなければ、教会は赦しの共同体とは言えないからです。

一連の出来事はパウロの涙の手紙から始まったわけですが、その手紙について彼は改めて九節でこう言っています。

「わたしが前に手紙を書いたのも、あなたがたが万事について従順であるかどうかを試すためでした」。

涙の手紙は、厳しい手紙でありましたが、それはコリントの信徒たちの従順を試す意図がありました。この場合の従順というのは、パウロ個人への従順という意味ではありません。パウロが願っていたのは、あくまでコリント教会が神に対して、キリストに対して従順であることでした。その従順を試す意図がありました。

つまりパウロは決して、外面的な従順を求めたのではありません。その人を処罰するという事柄そのものを求めたのではありません。彼の意図はもっと深いところにありました。ある神学者はこう言っています。

「彼の手紙にこめたパウロの意図は、もっと深いものであった。つまり、教会は、悪にくみしているか、それとも、神にくみしているか、教会の意志は腐敗し、朽ち果てているか、それとも、誠実に神の命令に支配されているかを、ゆるされた者として証明し、示すべきであったのである」（A・シュラッター『新約聖書講解8　コリント人への第二の手紙』池永倫明訳、新教出版社、一九七八年、二一四頁）。

つまりパウロの関心は、この人の処罰そのものにあったのではなく、教会の信仰の状態にあったと言えます。それを試そうという意図がありました。健全な霊的判断を保っているか否かを、見極めようとしたのです。

パウロは、この罪を犯した人の問題について、コリント教会がキリストの教会にふさわしい適切な判断をすることを期待していました。罪を犯した人を裁いて、それで終わりではありません。本当に大切なのは、その人の回復であり、教会の回復です。

教会の中に、なお彼のことを赦さない人がいることを聞いていたパウロはそれゆえに、自らが率先してこの人を赦していることを示します。

「あなたがたが何かのことで赦す相手は、わたしも赦します。わたしが何かのことで人を赦したとすれば、それは、キリストの前であなたがたのために赦したのです」（一〇節）。

パウロは六節、七節で、この人のことを赦すように求めましたが、ここでは念を押すように「あなたがたが赦す相手は、わたしも赦します」と明言しています。直接傷つけられたパウロのことを思い量って赦さない人たちもいたのでしょう。しかし、パウロは赦しているのです。

ここでパウロは、自分がこの人を赦したのは、「あなたがたのため」だと言っています。あれほど傷つけられたパウロは、簡単には赦さないだろうと考える人たちがいました。パウロが赦さなければ、自分たちも赦さないと考える人たちがいました。

パウロはそれを知って、和解の道を開きました。パウロがまず赦し、教会員が赦すように促します。パウロが赦すことは、教会員の赦しにつながります。そして教会は、ふさわしい交わりを回復していくのです。

けれどもパウロの赦しというのは、何かそのような人為的意図を持ったものであったのか言えば、もちろんそうではありませんでした。一〇節にあるように、パウロは「キリストの前で」赦したのです。

パウロはなぜこの人を赦したのでしょうか。それはひとえに、キリストが彼を赦されたからです。教会の処罰を受け、真に悔い改めた彼は、キリストの十字架によって罪赦されたのです。それは約束の御言葉によります。

そのキリストが赦された人を、たとえ自分が傷つけられたとしても、赦さないと言い張ることはできません。キリストが赦されたがゆえに、パウロも彼を赦すのです。その赦しは「キリストの前」での真実な赦しであって、あいまいなものではありません。

キリストが赦し、そしてパウロも赦すことによって、教会員も赦す。こうして、赦しが赦しを生み出していきます。キリストを出発点とする赦しの連鎖が、教会で起こることを、パウロは願っているのです。

パウロは赦しがなぜ必要なのかに関して、一一節でこう付け加えています。

「わたしたちがそうするのは、サタンにつけ込まれないためです。サタンのやり口は心得ているからです」。

パウロが心を砕いていたのは、サタンにつけ込まれないことでした。パウロは自らも赦し、またコリントの信徒たちにも赦すことを求めましたが、その一つの理由は、「人を赦さない精神」こそ、サタンのつけ込むところであることを知っていたからです。

正義の名のもとで人を赦さないなら、結局人を苦しめ、追い込むことになります。赦さないことが、教会の対立・分裂の原因となります。教会が、神の赦しと愛を実行する場所でなかったならば、サタンは必ず教会を罠にかけます。サタンが願っているのは、教会に敵意と憎しみを満たして、教会を破壊することです。

人を赦さない精神こそが、サタンの策略です。教会はイエス・キリストによって赦された者の集まりです。赦された者には赦す責任があります。教会は、赦しの共同体でなければなりません。教会に集まっている者たちは、本当に千差万別です。教会ほど、多様な人々が集まっている場所は、この世の中にはないかもしれません。それゆえ、人間関係における軋轢や摩擦は必ずあります。いらだちは必ず起こります。怒りを感じるようなこともあるでしょう。

しかし私たちがはっきり覚えておかなければならないのは、私たちには、人を赦さないという選択はないということです。あの人を赦さないという選択は私たちにはない。なぜならば、私たちはいずれも、イエス・キリストによってそれよりはるかに多くのことを赦された者たちだからです。

サタンの策略は、キリストの救いを台無しにすることです。私たちの救いがただイエス・キリストによるものであることは言うまでもありません。しかしパウロは、キリストによる赦しと、教会員による赦しを関連づけて述べています。キリストの赦しが、教会において現される必要があります。教会員相互の赦しとして、現される必要があります。そうでなければ、教会はサタンにつけこまれるのです。

私たちは確かにキリストによってのみ赦されるのですが、その赦しをやはり教会で実感するのです。もし教会がそのような場でなくなったならば、結局人は、キリストの赦しさえ分からなくなっていきます。教会に来て、いつまでも自分が人から受け入れられていない、赦されていないと感じたらどうでしょうか。最後には、神の愛が分からなくなって教会を去るしかなくなるのです。それがサタンの策略です。

ペトロがその第一の手紙で言っています。

「身を慎んで目を覚ましていなさい。あなたがたの敵である悪魔が、ほえたける獅子のように、だれかを食い尽くそうと探し回っています。信仰にしっかり踏みとどまって、悪魔に抵抗しなさい」（五・八―九）。

私たちは悪魔の策略に乗ってはいけません。人を赦さない精神で生きてはいけません。私たちに与えられている赦しははるかに大きいのです。

パウロは赦すことによって、赦しの連鎖を生み出しました。それはパウロだけにできたことではなく、御霊を与えられたキリスト者には可能なことです。赦された者として赦しに生きる。そして教会を赦しの共同体とする。それが、イエス・キリストが私たちに望んでおられることなのです。

二章一二―一七節

キリストの香り

わたしは、キリストの福音を伝えるためにトロアスに行ったとき、主によってわたしのために門が開かれていましたが、兄弟テトスに会えなかったので、不安の心を抱いたまま人々に別れを告げて、マケドニア州に出発しました。

神に感謝します。神は、わたしたちをいつもキリストの勝利の行進に連ならせ、わたしたちを通じて至るところに、キリストを知るという知識の香りを漂わせてくださいます。救いの道をたどる者にとっても、滅びの道をたどる者にとっても、わたしたちはキリストによって神に献げられる良い香りです。滅びる者には死から死に至らせる香りであり、救われる者には命から命に至らせる香りです。このような務めにだれがふさわしいでしょうか。わたしたちは、多くの人々のように神の言葉を売り物にせず、誠実に、また神に属する者として、神の御前でキリストに結ばれて語っています。


一二節に「わたしは、キリストの福音を伝えるためにトロアスに行ったとき」とあります。トロアスとは、小アジアの重要な港湾都市で、商業の中心地でした。

パウロが最初にトロアスに行ったのは、第二次伝道旅行の時でした。パウロはそこでマケドニア人の幻を見ました。「マケドニア州に渡って来て、私たちを助けてください」（使徒一六・九）という幻を見て、パウロはすぐにマケドニアに出発しました。

ここで初めて福音がヨーロッパにもたらされることになりました。そのきっかけとなったのが、このトロアスでした。それゆえパウロにとって、印象深い都市であったと思います。

一方、このコリントの信徒への手紙二で出てくるトロアス行きは、パウロの第三次伝道旅行の中でのことです。第三次伝道旅行でパウロは、エフェソに滞在しました。そこでコリント教会の状況を聞いて、海を渡って直接コリントに赴きました。コリントの信徒たちが誤った教えに惑わされているという心配があったからです。

そこでパウロはある人からひどい侮辱を受けました。またコリント教会の人々から、冷淡な扱いを受けました。そこで一度マケドニアに退いたパウロは、コリントに再び行くという予定を変更して、エフェソに戻りました。そして厳しい内容の「涙の手紙」を書きました。

パウロはその手紙をテトスに預けて、コリントに派遣しました。テトスは、パウロの第三次伝道旅行に助手として同伴していた人物です。彼はギリシア人でした。このような難問解決のためにコリントに派遣されたことを見ると、パウロの信任が厚い人物であったと思われます。

パウロは手紙を託してテトスをコリントに派遣しました。そして、そのテトスがコリントから帰ってきた時、トロアスで落ち合う約束をしていました。それがこの第三次伝道旅行で、パウロがトロアスに赴いた背景です。

もっとも、パウロはテトスと落ち合うためだけに、トロアスに行ったのではありません。一二節にあるように、あくまでパウロは「キリストの福音を伝えるためにトロアスに行った」のです。パウロがトロアスに行った主目的は、あくまでキリストの福音を伝えることでした。しかし同時に、そこでテトスと出会う予定でした。

パウロのトロアスでの伝道は順調に進みました。一二節後半に「主によってわたしのために門が開かれて」いた、と記されています。福音宣教に好都合な状況が生まれていました。この「門が開かれる」という表現は、コリントの信徒への手紙一の一六章九節にもありました。パウロはそこで、エフェソで自らの働きのために大きな門が開かれていると述べています。そこでパウロはエフェソにある程度の期間滞在して働き、エフェソにしっかりとした教会が生まれました。

トロアスで「門が開かれていた」ということは、トロアスにも同じような可能性があったということです。パウロの予想を超えて多くの人々が、パウロの語るイエス・キリストの福音に耳を傾けました。トロアスにもしっかりとした教会が生まれる可能性がありました。

しかし、それにもかかわらずパウロは、トロアスに留まり続けることをしませんでした。それは、コリントに派遣したテトスが約束どおりトロアスにやって来なかったからです。パウロはそのことで、大きな不安を抱きました。一三節の「不安の心を抱いた」は、直訳すれば「わたしは自分の霊に安らぎを持たず」となります。彼は心に安らぎを得ることができませんでした。

自分が書いた手紙が、コリントの信徒たちにどう受け止められたのか。パウロは、厳しい内容の手紙を書きました。彼らの非を責め、ふさわしい対処を求めました。パウロは涙ながらに書きました。しかしそうしたパウロの思いが、果たして彼らに通じたのか。彼らがいったいどんな反応をしたかを考えて、パウロはいても立ってもいられない思いになったのです。

そこでパウロは、あれほど福音に門が開かれていたにもかかわらず、トロアスを去り、マケドニア州に出発しました。福音宣教と教会形成を第一と考えていたパウロとしては、この行動は異例のことと言えるでしょう。

トロアスで集中的に働けば、大きな実りが期待できました。しかしパウロはもはや心配で、仕事が手につかなくなっていたのでしょう。トロアスでテトスを待つことはできませんでした。彼は一刻も早くテトスと会い、コリント教会の状況を知りたいと思い、マケドニアに向かって出発したのです。

ここには、パウロのコリント教会に対する愛の深さが表れていると言えます。パウロはトロアスで成功していた奉仕を断念しました。コリント教会に対する心配が、他のすべてのことを押しのけてしまいました。

私たちは、パウロを信仰の勇者と思いがちです。実際、彼は信仰の勇者です。彼ほどの信仰の勇者は、新約聖書の中に他にいないと言ってもよいでしょう。しかし、信仰の勇者とは、信仰上の悩みや不安がないということではありません。

パウロはこの手紙の一一章二八節で、「日々わたしに迫るやっかい事、あらゆる教会についての心配事があります」と述べています。パウロはいつも、教会についての心配事に悩まされていました。彼は悩み、時には悲しみ、その中で祈り続けた人です。その悩みと祈りの中で、キリストの恵みを体験していた人です。ですから彼は、フィリピの信徒への手紙の中でこうも語ったのです。

「つまり、あなたがたには、キリストを信じることだけでなく、キリストのために苦しむことも、恵みとして与えられているのです」（一・二九）。

パウロは、「キリストのために苦しむことも、恵みとして与えられている」と語りました。これは、苦しんだことが本当に恵みであったことを、体験的に知っている人しか語れない言葉です。彼は多くの苦しみを体験しました。心配や不安で心がふさがれてしまうような体験もしました。その中で、祈り続け、神の恵みを与えられ続けた人なのです。

信仰の勇者とは、信仰上の悩みや不安を持たない人のことではありません。むしろ悩みの中で、苦しみの中で神を見上げ、祈る者のことです。その時、主なる神は恵みを与えてくださいます。「キリストのために苦しむことも、恵みであった」と、後に言える信仰を与えてくださるのです。

二章一四節以下は、このコリントの信徒への手紙二の中で、最も論争のある部分です。つまり、二章一四節から七章四節までは、パウロの使徒職に関しての弁明と、その神学的基礎付けが記されているのですが、その全体が大きな挿入のように読めるからです。

確かに二章一三節には「不安の心を抱いたまま人々に別れを告げて、マケドニア州に出発しました」とあり、七章五節は「マケドニア州に着いたとき、わたしたちの身には全く安らぎがなく、ことごとに苦しんでいました」ですから、うまくつながっているように読めます。それゆえ、学者によっては、この二章一四節から七章四節は、本来別の手紙であり、それがここに挿入されたと主張する者もいます。

今日もさまざまな意見が戦わされている箇所ですが、決定的な説があるわけではありません。伝統的には、ここは挿入ではなくて、普通につながるものとして読んできました。そう読むこともできるわけですので、私たちも基本的に、つながるものとして読み進めていきたいと思います。

一四節冒頭に「神に感謝します」とあります。いかにも唐突のように思えますが、パウロがここでいわば唐突に「神に感謝します」と告白していることには、二つの可能性を考えることができます。

第一は、テトスと出会い、彼によってもたらされた良い情報の結果として、神への感謝を捧げているという可能性です。実際パウロは、マケドニアでテトスと出会い、彼からコリント教会の状況を聞きました。それはパウロの心を覆っていた不安を一掃するほどの良い情報でした。

ですからパウロは、一三節で「マケドニア州に出発しました」と書いた後で、テトスと出会った時のことを思い起こして、神への感謝を爆発させていると考えることもできます。その時のことを思い出して、神の恵み深さを語らずにはいられなくなったのです。

もう一つの可能性は、一三節の「マケドニア州に出発しました」という言葉によって、マケドニアの諸教会のことを思い起こしたという可能性です。マケドニアの教会とは、フィリピとテサロニケの教会です。いずれもパウロにとって、感謝を覚えることができる教会でした。フィリピの信徒たちは「命の言葉をしっかり保っている」(フィリピ二・一六)教会でしたし、テサロニケの信徒たちは「神に対するあなたがたの信仰が至るところで伝えられているので、何も付け加えて言う必要はないほどです」(Iテサロニケ一・八)と言われるほどの教会でした。

いずれも、大きな問題はなく、むしろ感謝を覚えることができる教会でした。それゆえパウロはここで、これらの教会のことで神への感謝を告白し、そこから、パウロの使徒職についての議論に入っていったと考えることもできます。

どちらの可能性を取るとしても、パウロが、神の恵みの御業に目を留めて感謝したことには変わりません。そしてその神が、パウロたちにとって、また私たちにとっていかなる神であるかを、一四節以下で述べていくのです。

第一に「神は、わたしたちをいつもキリストの勝利の行進に連ならせ」てくださる方です。ここでパウロがイメージしているのは、ローマ軍の凱旋行進です。遠征に出ていたローマ軍が勝利を収めて凱旋する時、将軍は白馬に引かれた戦車に乗り、歓呼の声を挙げる兵士たちと、捕虜たちを従えて市中を行進します。そのイメージがこの言葉の背後にあります。

神は常にキリストによって戦いに勝利されます。そして勝利の凱旋をされます。その凱旋行進の中に、自分たちもいつも連なっているとパウロは言います。

どういう立場で連なっているのでしょうか。捕虜としてか、それとも勝利を収めた兵士としてかで意見の相違があります。直訳すれば、確かに捕虜として引き連れられていると読めなくもありませんが、やはりここは、勝利の兵士として凱旋行進に加わっていると解するべきでしょう。

確かにパウロはキリストの奴隷であり、主に結ばれた囚人です。そういう表現を繰り返して使います。その意味で彼は、奴隷として囚人として、キリストの戦いに常に召集されます。それを拒むことはできません。しかし彼は常にその戦いで、キリストの勝利を体験しています。勝利の兵士として凱旋行進に加えられているのです。

それが彼の宣教活動のイメージでした。苦しい戦いが続きます。しかしいつもキリストにあって勝利し、凱旋行進に加わっている。神はそのようにパウロを用いておられるのです。

第二に、一四節の後半にあるように、神はパウロたちを通じて「至るところに、キリストを知るという知識の香りを漂わせて」おられることです。ここで突然「香り」が出てくるのも、ローマの凱旋行進に関連しています。というのも、この凱旋行進では香をたく習慣がありました。

ここでパウロは「キリストを知るという知識の香り」と言っています。「キリストを知る知識」を「香り」にたとえています。神を知るという知識を、パウロは香りにたとえています。これはどういう意味なのでしょうか。

香りというのは、それを捕まえたり、妨げたりするのが難しいものです。それは、一か所に留まるものではなく、広がっていくものです。パウロはキリストを知る知識、つまり、キリストの香りはそのようなものだと考えています。それは妨げることができないものであり、かぐわしい香りとして、広がっていくものです。

すべての人が、その香りを感じ取れるようになります。麗しい香りとして、新しい香りとして人々を惹き付けるものです。そのキリストの香りを届けるのが、宣教者の役割です。伝道するとは、キリストの香りを漂わせることなのです。

人間は基本的に香りに敏感です。においに敏感です。嫌なにおいを感じれば、そこから離れようとしますし、かぐわしい香りを感じれば、そこに魅力を感じます。キリストの福音は、そのような魅力的なかぐわしい香りだとパウロは言います。人々を惹き付けて止まないものです。

ですから私たちは、それを妨げないことが大切です。キリストの麗しい香りを、人間臭さで覆ってしまってはなりません。キリストの香りが香るならば、人々は必ず、そこに惹き付けられるのです。

パウロはこの「香り」について、さらに議論を展開しています。一五節にはこうあります。「救いの道をたどる者にとっても、滅びの道をたどる者にとっても、わたしたちはキリストによって神に献げられる良い香りです」。

ここでパウロは「神に献げられる良い香り」と言っています。これは神に受け入れられる犠牲を表す表現です。創世記八章で、ノアが焼き尽くす献げ物を献げた時、主は宥めの香りをかいで、祝福の約束をされました。そのように、神に献げられる香りは犠牲に結び付いています。ですからここでの香りも「犠牲の香り」です。その犠牲とは言うまでもなく、イエス・キリストの十字架の死です。そのイエス・キリストの十字架の犠牲の香りを、パウロたちは広めているのです。

パウロはここで「救いの道をたどる者にとっても、滅びの道をたどる者にとっても」良い香りだと言っています。キリストの香りは、救いの道をたどる者だけに関係するのではありません。それは滅びの道をたどる者にも関係があります。つまり、キリストの香りは、人々を永遠の命に導くだけでなく、同時に人々を永遠の滅びに至らせるものです。

イエス・キリストの十字架の福音は、人間を永遠の命と滅びの岐路に立たせるものです。パウロの福音のメッセージは、人々を「救われる者」と「滅びる者」に分けていく。そういう厳しさがあります。

ローマ軍の凱旋行進の際に香がたかれました。その香のにおいは、人々によって異なった意味を持っていました。凱旋した将軍や兵士たちにとって、また歓呼して迎えた群集にとっては、その香りは勝利の喜びのかぐわしい香りであったに違いありません。喜びの香りでした。しかしすべての人にとってそうであったのではありません。凱旋行進には、戦争に敗れて捕虜になった者たちもいました。彼らはやがて奴隷になるか、処刑されます。その彼らにとってこの香りは、まさに死の香り、敗北の香りでしかありませんでした。

それゆえパウロは一六節で続けてこう言っています。

「滅びる者には死から死に至らせる香りであり、救われる者には命から命に至らせる香りです」。凱旋行進における香のにおいが、ある人たちには勝利と命の香りであり、しかしある人たちには死と敗北の香りであったように、キリストの香りも、人々によって違った意味を持ちます。キリストを拒む者にとっては「死から死に至らせる香り」です。しかし、キリスト受け入れる者にとっては「命から命に至らせる香り」なのです。

確かに、救いと滅びが最終的に決まるのは、終末の審判です。しかし地上の歩みの中で、キリストの香りの持つ意味の違いは、ますます明らかになっていきます。キリストを拒む者は、ますます死の世界に深く足を踏み入れていき、逆にキリストを信じる者は、ますます命に溢れて前進していきます。

このようにキリストの福音は、救われる者と裁かれる者をはっきりと分離させていきます。キリストの福音は、ある人々には命をもたらし、しかしある人々には死をもたらします。それほどに決定的なものです。

キリストを信じない者は滅び、信じる者は命を得る。これは聖書が語っている厳粛な事実です。キリストを伝えるということは、これほど重大な結果を生じさせることです。

それゆえパウロは、一六節の後半で「このような務めにだれがふさわしいでしょうか」と問います。どのように福音を伝えるべきなのか。またどのような者が宣教者にふさわしいのか、ということです。


パウロはこう答えています。

「わたしたちは、多くの人々のように神の言葉を売り物にせず、誠実に、また神に属する者として、神の御前でキリストに結ばれて語っています」（一七節）。

まず、神の言葉を売り物にしてはいけない、ということです。「神の言葉を売り物にする」とは、伝道を自分の利益を得るための手段とすることです。自分の利益や名誉のために、神の言葉や福音を利用することです。誤った教えではなく、正しい教えを述べていたとしても、その動機が、自分のためであるならば、つまり自分の名誉や野心のためであるならば、そのような人は宣教者にふさわしくありません。

そしてあるべき宣教者の態度について、パウロは四つのことを挙げています。それは、「誠実に」語る、また「神に属する者として」語る、また「神の御前で」語る、さらに「キリストに結ばれて」語る、ということです。

「誠実に」とは、純粋さから、真心を込めてということです。神の言葉に異質なものを混入しない。自分の利益を求めて語ったり、また、つまずきを回避しようとして神の言葉を歪めたりしないことです。

「神に属する者として語る」は、「神から語る」、人間ではなく、あくまで「神に発して語る」ということです。

また「神の御前で語る」は、神への責任として語るということであり、「キリストに結ばれて語る」は、キリストに生かされて語る、キリストへの信頼性をもって語るということです。

この一七節の御言葉は、福音を宣べ伝えるに当たって根本的に重要なことを教えています。伝道するためには、確かにノウハウや、方法論も必要でしょう。しかし、根本的に重要なのは、キリストを宣べ伝える人の姿勢です。伝道の成否は、ある意味でそれにすべてがかかっていると言っても、言い過ぎではありません。

パウロがここに挙げた五つのこと、すなわち、「神の言葉を売り物にしない」「誠実に語る」「神に属する者として語る」「神の御前で語る」「キリストに結ばれて語る」は、結局、語る人の神に対する姿勢を問うものです。御言葉を語る者、伝道する者に求められる、決定的に必要な条件は、その人自身が神を畏れていること、御言葉に屈服していることなのです。

パウロは確かに、人に語りました。人間に向かって、福音を語りました。しかし彼は、神を畏れながら、神の御前で語っていました。神を崇めながら語っていました。人だけに目を向けて、人間の思惑で語ったのではありません。いつも、キリストとの交わりの中で、神の前に、神にあって語りました。それが福音宣教でした。そのような伝道の業は、必ず実を結んでいきます。

伝道はテクニックの問題ではありません。何よりも私たち一人一人が、本気で神を畏れて生きているかの問題です。私たちの教会が、本当に神を畏れ、イエス・キリストを愛しているかの問題です。

その神の御前における誠実があるならば、伝道は必ず進展します。なぜならば、そこには「キリストの香り」があるからです。キリストの麗しい香りは、自然に人々に届きます。そして惹き付けます。そのような伝道を、私たちは目指していきたいと願います。

三章一―三節

あなたがたはキリストの手紙

わたしたちは、またもや自分を推薦し始めているのでしょうか。それとも、ある人々のように、あなたがたへの推薦状、あるいはあなたがたからの推薦状が、わたしたちに必要なのでしょうか。わたしたちの推薦状は、あなたがた自身です。それは、わたしたちの心に書かれており、すべての人々から知られ、読まれています。あなたがたは、キリストがわたしたちを用いてお書きになった手紙として公にされています。墨ではなく生ける神の霊によって、石の板ではなく人の心の板に、書きつけられた手紙です。

コリントの信徒への手紙二では、二章一四節から新しい議論に入っています。それはパウロの使徒職に関する議論です。一四節でパウロは、「神は、わたしたちを通じて至るところに、キリストを知るという知識の香りを漂わせてくださいます」と述べました。パウロは自分たちを通して、「キリストを知るという知識の香り」が広がっていると言います。キリストの香りを届けるのが、使徒、伝道者の役割です。

では、そのような務めに誰がふさわしいのでしょうか。パウロは「私たちにはその資格がある」と一七節で答えています。

「わたしたちは、多くの人々のように神の言葉を売り物にせず、誠実に、また神に属する者として、神の御前でキリストに結ばれて語っています」。

自分たちは、神の言葉を売り物にしていない。つまり、自分の利益や自分の名誉のために神の言葉を利用することはしていない。自分のために福音を語っているのではない。自分たちはただ、誠実に、神からの委託を受けて、神の御前で語っている。その自分たちこそ、神の言葉を語る資格がある者たちだと、パウロは述べました。

こう語ったとき、パウロは自分に対する批判が起こることを即座に予想しました。実際、これまでも、パウロが使徒としての資格を主張したときに、パウロは自己推薦をする者だという批判が起こりました。パウロはそのことを思い出しました。そこで彼は、これが単なる自己推薦ではないことを明らかにしていきます。三章一節にこうあります。

「わたしたちは、またもや自分を推薦し始めているのでしょうか。それとも、ある人々のように、あなたがたへの推薦状、あるいはあなたがたからの推薦状が、わたしたちに必要なのでしょうか」。

当時、推薦状を書くという習慣が、ユダヤ世界にも異邦人世界にもあったそうです。パウロ自身、かつてユダヤ教徒としてキリスト教徒を迫害するためにダマスコに赴く時、ダマスコのユダヤ人会堂への推薦状をエルサレムの大祭司から得ていました。このようにユダヤ教の中でも、推薦状を書く習慣がありましたが、それはキリスト教会にも受け継がれていました。パウロ自身、手紙の中で、同労者のために推薦の言葉をたくさん書いていますし、フィレモンへの手紙は、オネシモのための推薦状そのものと言えるでしょう。

他の人に推薦してもらうことは、キリスト教的な交わりや礼儀のためにも必要でした。ですから、面識のない教会に出かける人は、自分が属する教会からの推薦状を携えて行きました。その推薦状によって、その人は兄弟として受け入れられ、または教師として受け入れられました。類似のことは今日でもあるでしょう。

パウロの反対者たちは、この推薦状の件で、パウロを非難していました。つまり、パウロは推薦状なしで働いているという非難です。推薦状なしでやって来て、自分で自分を推薦しているという非難です。推薦状のないパウロは信用できないという非難です。

パウロの反対者は、ユダヤ主義者でありました。おそらく、エルサレム教会からの推薦状を持っていたのでしょう。彼らにとって推薦状こそが、自分たちを権威づけるものでした。誰々先生の弟子ということで、自分を権威付けていたのかもしれません。もしかすれば彼らは、キリストの直弟子であったペトロやヤコブといった人たちから教えを受けたのかもしれません。そのエルサレム教会からの推薦状を持っていたのでしょう。

しかし、そのようないわばこの世の権威で自分を権威付けようとすることは、大きな落とし穴になりかねません。なぜなら、究極の権威を持っておられる方を見失ってしまう危険性があるからです。

この世の権威で自らを権威付けようとする者は、私たちに対して決定的で最終的な権威をお持ちの方があいまいになる、または、分からなくなってしまう危険性があります。なぜなら、自らの良心がこの世の権威に縛られてしまうからです。そして、自分はいったい誰に対して、どんな責任を負って生きているのか、それがあいまいになってくる。そういうことが起こり得ます。

パウロの反対者たちには、どうもそれが起こっていたようです。パウロはこの手紙の一〇章一二節で彼らのことについて、「彼らは仲間どうしで評価し合い、比較し合っています」と述べています。彼らは人と自分を比べて、評価し合っていました。おそらく、自分の先生は誰だとか、自分は誰それに推薦されたなどと言って、自らのことを誇っていたのでしょう。パウロはそういう者たちは、まさに愚かだと述べています。

パウロは確かに推薦状を持たず、いわば自己推薦のようなことも述べました。しかしそれは決して、人と比較して、自分を高めようとする愚かな自己宣伝ではありません。パウロの自己推薦は、ただ神と人の前に、自らが真の使徒であることを示すことであって、それ以外の何ものでもありませんでした。自分が確かにイエス・キリストに召された使徒であることを弁証することであって、決して、自らを誇る自己宣伝ではありませんでした。

パウロの批判者たちは、パウロが推薦状なしにコリント教会にやって来たことさえ批判したようです。確かに、他の者たちは推薦状を携えてコリントにやって来ました。彼らにはそれが必要だったのでしょう。

しかしパウロは、このコリント教会の創立者でした。生みの親でした。その彼に推薦状が必要なはずはありません。それでも推薦状の件でパウロを批判する者がいました。そこで彼は二節で次のように述べます。

「わたしたちの推薦状は、あなたがた自身です」。

なぜ、パウロには推薦状がいらないのでしょうか。それは、コリント教会自体が彼の推薦状だからです。パウロの推薦状は、全く種類の異なる推薦状でした。書状ではなく、コリント教会自体、その群れが彼の推薦状です。

コリント教会は、パウロの第二次伝道旅行における彼の宣教によって生まれた教会です。彼が真の使徒でなかったならば、彼が真の福音の伝道者でなかったならば、キリストの教会としてのコリント教会が生まれることはありませんでした。彼が偽使徒であれば、偽のキリスト教会が生まれたでしょう。

ですから、真の神の教会であるコリント教会の存在自体が、パウロが使徒であることの何よりの保証です。コリント教会が存在していることが、パウロの使徒の働きの有効性と、彼の働きが信頼できるものであることを証明しています。その意味で、コリント教会こそが、パウロの推薦状なのです。

コリントの信徒への手紙一でもパウロはこう語りました。

「あなたがたは主に結ばれており、わたしが使徒であることの生きた証拠だからです」（九・二）。

パウロは紙切れではなく、生きた証拠としての推薦状を持っていました。ですから、他の推薦状など必要ありません。パウロに敵対するユダヤ主義者たちは、パウロには推薦状がないなどと批判していましたが、そんな批判を蹴散らすことのできる推薦状をパウロは持っていました。

敵対者たちの推薦状はいわば人間による推薦状です。しかしパウロの推薦状は、現実にコリントの町に教会が生まれ存在しているという、神の御業がなされたという実質を持った推薦状です。神が確かにパウロと共にいて、働いてくださったということの証拠が、コリント教会であったのです。

パウロは続いてこう述べています。

「それは、わたしたちの心に書かれており、すべての人々から知られ、読まれています」（二節）。コリントの信徒たちがパウロの推薦状であることは、一方では、パウロの心に書かれており、他方では、その推薦状はすべての人々に知られ、理解されていました。

パウロにとって、コリントの信徒たちこそが自分の推薦状であることは、心に書かれていました。彼の良心の中に座を持っていたと言ってもよいでしょう。

当時書かれた多くの推薦状は、そういうものではありませんでした。実際は非常に安易に推薦状が書かれることが多かったようです。十分に熟慮して、良心的な判断に基づいて推薦状を書くというよりも、人間の思惑や、人間関係に引きずられて、自分の利害得失のゆえに、無分別に馴れ合いで推薦状が書かれることが多かったのです。おそらく、今日でも事情は変わらないと思います。心が伴わない、安易な推薦状が世の中にたくさんあるでしょう。

しかしパウロにとっての推薦状の意味は、そのような安易なものではありませんでした。それは彼の心に刻まれていました。コリント教会が、自分にとっての推薦状であることは、彼の信仰の実存に結び付いていました。つまり、パウロにとってコリント教会は、本当に自らが生み出した、どこまでも愛して止まない教会であったのです。ある神学者はこう言っています。

「ちょうど父親が、自分には子どもたちがいて、かつその子どもたちをよく知っていると、心に感じるように、パウロはコリント人が彼の教会であることを、心で感じ取るのである。彼らがパウロの愛と働きの実りであるゆえに、パウロは彼らと断ち切ることのできない絆で結ばれている。彼が、この推薦状を喪失することはありえない。誰もパウロの心から、コリント人を引き離すことはできない」（シュラッター『新約聖書講解８　コリント人への第二の手紙』三四頁）。

これがコリントの信徒たちに対するパウロの思いでした。その彼らが、自分の推薦状だと、パウロは言っているのです。

通常の推薦状は、しばしば中身のない紙切れでした。しかしパウロの推薦状は心に記されていたがゆえに、彼を支える力となりました。コリントでのパウロの働きは神の御業でしたから、この推薦状は神の推薦状とも言えます。心に記された神の推薦状がパウロの拠り所でした。

このコリント教会がパウロの伝道によってできたことは、多くの人に知られ、理解されていました。それゆえ、コリント教会はまさに、パウロの使徒職の推薦状と言えます。

私たち一人一人の推薦状は何でしょうか。この世が与えるような推薦状を求めても意味はありません。私たちの本当の推薦状は、神の御業に基づくものであり、私たちの心に刻まれるものです。

自分の業、人間の業が、自分の推薦状にはなりません。それは本当に虚しいものです。しかし、神が自分を通して御業をなしてくださり、栄光を現してくださったならば、そしてその主の御業を心に刻んで喜ぶことができるならば、それこそが私たちの推薦状となるでしょう。

たとえ小さなことであったとしても、神が確かに自分を愛して、自分を通して御業をなしてくださったということ。それを心に刻んで、神に感謝しつつ、さらに神の御業に励んでいくこと。それが私たちの推薦状となるのです。

二節でパウロはコリント教会が自分にとっての推薦状だと語りました。続く三節では、そのコリント教会の霊的本質について語っています。三節にはこうあります。

「あなたがたは、キリストがわたしたちを用いてお書きになった手紙として公にされています」。

つまり、コリント教会は「キリストの手紙」だと言います。この三節前半の御言葉については、二つの解釈の可能性があります。

一つは、コリント教会はキリスト御自身がお書きになられた「キリストの手紙」であるという解釈です。この場合は、キリストが主語であり、パウロたちはキリストによって用いられた筆記用具ということになります。コリント教会は、キリストがパウロたちを用いてお書きになった手紙である、という理解です。

もう一つの理解は、「キリストの手紙」という意味を、キリストのことが書き記された手紙、キリストを内容とする手紙、と理解するものです。この場合、キリストは主語ではなくてむしろ目的語になります。パウロたちがキリストを書き込んだ、それがコリント教会であるということになります。

新共同訳は前者の理解を取っているように思えます。しかし、どちらの見解をとったとしても、さほど大きな違いはないように思います。コリント教会はキリストの手紙です。それは、キリストが証しされる群れであり、また、キリストの御意志の現れです。

「キリストの手紙」であるということが、コリント教会の霊的本質でした。それはコリント教会だけでなく、すべてのキリスト教会の霊的本質と言えるでしょう。教会は人間の集まりではなく、人間の思想によって運営されるところでもありません。人間が主人になるところではありません。教会はただイエス・キリストによって生み出され、イエス・キリストを証しする群れです。教会の頭はただ一人、イエス・キリストのみです。

さて、教会はキリストの手紙であるという霊的本質を明らかにしたパウロは、そのような新約の教会がどのようにして生まれたかという議論に移っていきます。その際、古い契約、旧約と、新しい契約、新約との対比がなされます。三節の後半にこうあります。

「墨ではなく生ける神の霊によって、石の板ではなく人の心の板に、書きつけられた手紙です」。

古い契約は、石の板に書かれた律法を受け取ることで締結されました。モーセはシナイ山で、神の掟が刻まれた石の板を受け取りました。これが古い契約です。しかし新しい契約はそうではありません。預言者エレミヤは新しい契約について預言してこう述べました。

「しかし、来るべき日に、わたしがイスラエルの家と結ぶ契約はこれである、と主は言われる。すなわち、わたしの律法を彼らの胸の中に授け、彼らの心にそれを記す。わたしは彼らの神となり、彼らはわたしの民となる」（三一・三三）。

預言者エゼキエルも新しい契約についてこう預言しました。

「わたしはお前たちに新しい心を与え、お前たちの中に新しい霊を置く。わたしはお前たちの体から石の心を取り除き、肉の心を与える。また、わたしの霊をお前たちの中に置き、わたしの掟に従って歩ませ、わたしの裁きを守り行わせる」（三六・二六―二七）。

エレミヤは、新しい契約においては、律法は石の板ではなく心に書き記されると預言しました。またエゼキエルは、新しい契約においては、石の心が取り除かれて、肉の心が与えられる、また、新しい心、新しい霊が与えられる、と預言しました。

パウロは明らかに、これらの預言の言葉を意識して、この三節の御言葉を書いています。つまり、コリント教会は、これらの旧約預言の実現だと言っています。「墨ではなく生ける神の霊によって、石の板ではなく人の心の板に、書きつけられる」ということが実現しました。それは新しい契約の民に与えられる、新しい心と霊についての預言の成就でした。

コリント教会は、生ける神の霊によって生まれました。また、コリントの信徒たちの心は、石の心が取り除かれて、やわらかい肉の心とされました。コリント教会は、それによって生まれた群れなのです。

パウロはこのような旧約聖書の預言が、自分の宣教において実現したと述べています。それこそが、パウロが新しい契約の仕え人であること、使徒であることの何よりの証拠です。その意味でもまさに、コリント教会は彼の推薦状でありました。パウロは、その推薦状を心に刻んで、自らの誇りとして生きていたのです。


「教会はキリストの手紙である」。説教題にもつけましたように、そのことをしっかりと心に刻みたいと思います。その手紙の差出人も、また内容もキリストです。

手紙である限り、そこには必ず宛て先があります。この手紙の宛て先は、この世の人々と言えるでしょう。教会は、キリストがこの世に送られた手紙です。私たちは、キリストとは誰であるかを、この世に知らせるための手紙です。キリストによって送られた手紙なのです。

「教会はキリストの手紙である」。つまり、教会は何よりもキリストを証しすることが、その本質的な使命です。説教だけでキリストが証しされるのではなく、個々人がキリストを証しすることだけでキリストが証しされるのでもなく、「教会」がキリストを証しするのです。

教会の存在、その働きのすべてを通して、キリストを証しする。それが教会の本質的使命であり、私たちはいつもそのことを求めていく必要があります。自分の慰め、自分の喜びのために、教会はあるのではありません。もちろん、主イエスは、そうしたものも、教会を通して与えてくださいます。しかし、教会を、自分に益を与えてくれる手段としてはなりません。教会を自分に仕える手段としてはなりません。むしろ私たちは、真実に神を礼拝し、神に従う中で、教会を通してキリスト御自身が証しされていくことに、心を傾ける必要があります。

パウロの敵対者であったユダヤ主義者たちは、人間の推薦状を拠り所とし、かつ、新しい契約ではなく古い契約にしがみついていました。神の御業よりも、人間に目を留めていたと言っても良いでしょう。神のことよりも、人間のことを優先していました。

しかし目を留めるべきは神の御業です。教会共同体も、見えるところに拠れば単なる人間の集まりに見えます。それゆえこの世的な、人間的な見方で事柄を判断したくなります。しかしそうではいけないのです。

教会は、石の心を取り除かれて、新しい心を与えられた人の群れです。神の霊によって生まれ変わり、神と和解させていただいた者たちの群れです。それが教会の本質です。私たちはその本質から、物事を考える必要があります。

教会の霊的本質は、教会が「キリストの手紙」であることです。私たちは、ここに表されている神の恵みの御業に目を留めて、教会の使命に生きるのです。その時、確かに、主は弱い私たちを用いて、御自身の御業をなしてくださるのです。

文字は殺し、霊は生かす

わたしたちは、キリストによってこのような確信を神の前で抱いています。もちろん、独りで何かできるなどと思う資格が、自分にあるということではありません。わたしたちの資格は神から与えられたものです。神はわたしたちに、新しい契約に仕える資格、文字ではなく霊に仕える資格を与えてくださいました。文字は殺しますが、霊は生かします。

ところで、石に刻まれた文字に基づいて死に仕える務めさえ栄光を帯びて、モーセの顔に輝いていたつかのまの栄光のために、イスラエルの子らが彼の顔を見つめえないほどであったとすれば、霊に仕える務めは、なおさら、栄光を帯びているはずではありませんか。人を罪に定める務めが栄光をまとっていたとすれば、人を義とする務めは、なおさら、栄光に満ちあふれています。そして、かつて栄光を与えられたものも、この場合、はるかに優れた栄光のために、栄光が失われています。なぜなら、消え去るべきものが栄光を帯びていたのなら、永続するものは、なおさら、栄光に包まれているはずだからです。

ここには「霊」という言葉が繰り返して出てきます。それは聖霊を意味しています。聖霊降臨とは、復活され、天に昇られた主イエス・キリストが、約束の聖霊を地上にお送りになられた出来事です。その出来事は使徒言行録二章に記されています。

新約時代というのは、イエス・キリストのご生涯に始まると言えます。その中心は十字架と復活です。主イエス・キリストは、旧約聖書が預言し続けていた救い主メシアであり、そしてイエス・キリストは救い主として、人間を神と和解させる救いの御業をなさいました。その中心がまさに、十字架の御苦しみと復活でした。

イエス・キリストは、神と人との契約の仲介者であられました。契約の仲介者として、また契約における私たちの代表者として、御自身を十字架の上で捧げてくださいました。主は復活され、天に昇られました。そして天から約束の聖霊をお降しになったのです。

その意味から言えば聖霊降臨は、イエス・キリストによる契約の批准、公布という意味を持ちます。聖霊降臨、ペンテコステから、ある意味で本格的に新約時代が始まりました。教会の歴史はペンテコステから始まったと言えます。

聖霊降臨によって新約時代が始まったことから明らかなように、新約時代とは霊の時代、聖霊の時代です。もちろん、旧約時代に聖霊の働きがなかったわけではありません。旧約の時代にも、神の民に聖霊は与えられていました。しかし新約時代になって、それまでとは比較にならないほど、圧倒的に豊かな聖霊の時代が到来したのです。

今日の御言葉は、そのペンテコステ、聖霊降臨によって実現した恵みの豊かさを旧約時代と比較して記している箇所です。ペンテコステ以前の旧約時代と、ペンテコステ以後の新約時代とはどこが違うのか。そして、どれほど今は霊的に豊かな時代なのかが記されています。

六節の最後に「文字は殺しますが、霊は生かします」とあります。この霊こそが、ペンテコステの時に降られた聖霊を意味しています。「文字」は旧約時代の律法を指し、「霊」は降された御霊を指します。

そして「文字は殺すが、霊は生かす」と言われているように、御霊は私たちを本当の意味で生かすお方です。その御霊が与えられている時代が、私たちが生きている新約時代なのです。

四節でパウロは「わたしたちは、キリストによってこのような確信を神の前で抱いています」と述べています。この「このような確信」とは何を指すのでしょうか。直前には、コリント教会こそがパウロの推薦状であるということが書かれていましたが、「このような確信」が指しているのはそのことではなく、二章一四節以下全体であるように思います。

そこでの主題は、パウロはキリストの香りを漂わせる使徒であることでした。パウロには、人を救いと滅びに分ける福音を語る務めが委ねられていました。そのような確信、つまり、自らが使徒であるという確信が、この四節冒頭の確信の内容であると言えます。

パウロはその確信を、「キリストによって、神の前で抱いている」と言います。「神の前で抱いている」は、直訳すれば「神に対して持っている」となります。パウロは自らが使徒であるという確信を誰に対して持っていたのでしょうか。自分に対して持っていたのではありません。他の人に対して持っていたのでもありません。神に対して持っていました。彼は、自らが使徒であることを、自分でも、他の人でもなく、神御自身がよしとしていてくださると確信していました。その確信は、「キリストによって」、つまり「キリストをとおして」与えられたものでした。その確信の源は、キリストでありました。

パウロは、このような確信を持っていなければ、使徒として働くことはできませんでした。パウロが使徒であることを疑う人たちがたくさんいました。激しい反対や数え切れないほどの困難に遭いました。そのような中で、なお使徒として働き続けられたのは、自分が使徒であることについて、神にある確信があったからです。

このことは、使徒だけでなく、牧師・伝道者にも当てはまることです。自分が神によって召されているという確信がなければ、牧師・伝道者として働くことはできません。神に対する確信があいまいであれば、おそらくこの務めを続けることはできないでしょう。確信がないままこの務めに就けば、本人もまた働いている教会も大変なことになります。

牧師や伝道者が、さまざまな困難に直面しながら、悩みながら働くのは当然のことです。それだけに、揺るがない神に対する確信がなければ、この務めを果たすことはできません。

続く五節で、パウロは確信の源について次のように述べています。

「もちろん、独りで何かできるなどと思う資格が、自分にあるということではありません。わたしたちの資格は神から与えられたものです」。

この部分は、翻訳が難しく、意見の分かれているところです。口語訳聖書はこの部分をこう訳しています。

「もちろん、自分自身で事を定める力が自分にある、と言うのではない。わたしたちのこうした力は、神からきている」。

口語訳の方が、直訳に近いと言えます。つまりパウロは、自分自身でこのような確信を持ったのかといえば、そうではない、と言います。自分が使徒であるという確信は、自分の内側から出たのではない。パウロの使徒としての務めについての確信は、決して、自己信頼ではない、ということです。それは自分からのものではなくて、神からのものだとパウロは明言しています。

外から見た時、人々はパウロこそ使徒にふさわしい人だと思えたかもしれません。しかし、そういうことが、パウロを使徒にしたのではありません。彼に能力があったから、学識があったから、雄弁であったから、人格が優れていたから、だから彼は使徒になったのではありません。

洗礼者ヨハネが言ったように、神は石ころからでもアブラハムの子をお造りになることができるお方です。それゆえに、神がある人を用いられるのは、その人に能力があるからとか、その人が技術を持っているからではありません。

その人を選び、その人を生かし用いられるのは、神御自身です。ある人が神に用いられる時、その原因を、その人自身の内に探り出そうとすることは、基本的に誤りです。神は私たちの生来の才能や力を当てにされるようなお方ではありません。

パウロは、「わたしたちの資格は神から与えられたものです」と述べています。これは直訳すれば「わたしたちのふさわしさは神から発している」となります。「わたしたちの力は神からのものである」とも訳せます。

ある人がその働きにふさわしい時、そのふさわしさは「神から発している」のです。神は人間の知恵や力を当てにされるのではなく、御自身の力で私たちを用い、御業をなさるのです。

これは使徒パウロだけに当てはまることではありません。キリスト者すべてに当てはまります。何よりもキリスト者であるということ自身が、神から与えられ、神から発していることです。自分から発したことではありません。

私たちは、自分の決心、自分の覚悟、自分の力、自分の能力によって、キリスト者になったのではありません。すべては神から来ています。主イエスが言われたように、私たちが主を選んだのではなく、主が私たちを選んでくださいました。

これと同様のことが、私たちの働きにも当てはまります。私たちがどんな働きにふさわしいのか、それも根源的には「神から発する」のです。神が、私たち一人一人が持っているものを当てにされて、用いられるのではありません。その場合は、何かを持っている自己を誇ることになるでしょう。また人は、神の前に何かを持とうとしてがんばることになるでしょう。それでは、人に対しても、神に対しても傲慢になります。

しかしすべては「神から発する」のです。とすれば、私たちに問われるのは、どれほどその神を信頼し、自らを委ねているかということです。自分が持っているものに従って神を動かそうとするのではなく、自分の考えに従って神を動かそうとするのでもない。そうではなく、自らを本当に神に捧げて生きるのです。それが根本的に重要です。

その姿勢があるところで初めて、人には、神に対する確信が与えられます。パウロの揺るがない確信の背後には、徹底した献身がありました。徹底した献身の姿勢があったからこそ、パウロは確信を与えられ、彼のそれまでの生涯や賜物がそこで用いられるようになったのです。

この順番がとても大切です。第一に問われるのは、徹底した献身です。そこからキリスト者は、筋が通った、確信を持った歩みに導かれるのです。

では、そのパウロに与えられた資格とはどのようなものであったのでしょうか。何に仕える資格なのでしょうか。六節でパウロは言っています。

「神はわたしたちに、新しい契約に仕える資格、文字ではなく霊に仕える資格を与えてくださいました」。

パウロはここから、新しい契約と古い契約の比較を述べていきます。新しい契約は霊に仕える奉仕であり、古い契約は文字に仕える奉仕だと言っています。ここに記されている「文字」とは、シナイ山でモーセを通して与えられた律法を意味しています。神は石の板に文字を刻まれました。その律法がモーセを通して神の民イスラエルに与えられました。それが神とイスラエルとの間に結ばれた古い契約、つまり旧約でした。ですから古い契約は「文字に仕える奉仕」だと言われます。

これに対して新しい契約は「霊に仕える奉仕」です。その霊とは、天に昇られたキリストを通してペンテコステの日に与えられた聖霊です。聖霊が天から降されたことによって公布されたのが新しい契約です。ですから基本的に、新しい契約は「霊に仕える奉仕」だと言えます。

この新しい契約という言葉は、旧約聖書エレミヤ書の預言に基づいています。エレミヤ書三一章三一節以下にこのように記されています。

「見よ、わたしがイスラエルの家、ユダの家と新しい契約を結ぶ日が来る、と主は言われる。この契約は、かつてわたしが彼らの先祖の手を取ってエジプトの地から導き出したときに結んだものではない。わたしが彼らの主人であったにもかかわらず、彼らはこの契約を破った、と主は言われる。しかし、来るべき日に、わたしがイスラエルの家と結ぶ契約はこれである、と主は言われる。すなわち、わたしの律法を彼らの胸の中に授け、彼らの心にそれを記す。わたしは彼らの神となり、彼らはわたしの民となる」。

預言者エレミヤは、新しい契約が結ばれる日が来ることを預言しました。その時には、古い契約は役割を終えます。そしてその新しい契約において、主はその律法を「彼らの胸の中に授け、彼らの心にそれを記す」と言われています。人の心に神の御心である律法が記される。つまり、人の心に、神の御心を教え、それを実行できるようにさせる「霊」が与えられることが示されています。

主イエス・キリストは、最後の晩餐においてこう言われました。「この杯は、あなたがたのために流される、わたしの血による新しい契約である」。

イエス・キリストは御自身がこの新しい契約を成就するお方であることを明らかにされました。それも「あなたがたのために流される、わたしの血による新しい契約」とあるように、その契約は、イエス・キリストの血、十字架の血によって立てられた契約です。

古い契約は、神が律法を神の民イスラエルに与えることによって立てられたものでした。しかし、イスラエルの民はその契約を破りました。そこで神は新しい契約を、イエス・キリストを通して立てられました。キリストの流された血がその契約の血です。この十字架によって契約は成立し、成就しました。そして、契約の公布、批准として、約束の聖霊が降されました。ここから聖霊の時代が始まったのです。

契約という言葉は、私たちの社会でも用いられるものですが、聖書の中でも極めて重要な言葉として用いられています。つまり、聖書における「契約」という言葉は、神と人間の関係を表すキーワードです。

この世において「契約」という言葉が用いられるのは、主として経済的な取り引きにおいてです。経済的な取り引きをする時に契約書が結ばれます。契約の内容に、双方が同意して、契約書が結ばれる。この場合は、契約の当事者は基本的に対等です。自由な意思と判断能力を持った者同士が、対等の立場で物事を取り決め、合意する。これがこの世における契約です。

しかし神と人間との契約は、そうではありません。なぜなら、神と人間は全く対等ではないからです。神は全能者であられ、人間は神の被造物です。ですから本来的に、人間は神に従わなければならない存在です。

それにもかかわらず、神は人間と契約を結ばれたと聖書は繰り返して語ります。本来ならば、神は一方的に人間に命令する権利をお持ちです。しかし、契約を結ばれたということは、そこには神の驚くべきへりくだりがあります。

またこの世において、契約当事者はそれぞれがその契約内容を実行する義務を負います。神と人間との契約の場合、この点はどうなのでしょうか。神はもちろん契約内容を完全に実行することがおできになります。では人間の側はどうでしょうか。人間が神の条件を完全に満たすことができるのかといえばできません。しかし、人間にそれができるかのように考えるならば、ごまかしが生まれます。神を人間のレベルに引き下げるごまかしか、それとも人間を神の側に引き上げるごまかしが生まれます。

いずれにせよ、神の条件を満たすことができないにもかかわらず、できるかのように考えるならば、人間は自らを見失っているにすぎません。それは、結局自らへの裁きを招かざるを得ません。

神が人間と契約を結ばれたのは、人間に対して変わることのない約束をしてくださったということです。へりくだって、神の民に対して祝福の約束をしてくださいました。全能者である神は、本来はいかなる意味でも人間に縛られる必要はありません。しかしあえて、契約という仕方で、御自身を縛ってくださいました。確かな約束で縛ってくださったのです。

人間の側に求められたのは、そのへりくだって契約を結んでくださった神に対する真実でした。契約的な真実な応答が求められました。自分の力で神を満足させることができるのではありません。そういう応答が求められているのではありません。神の圧倒的な恵みの約束に感謝して、真実な契約的応答が求められたのです。

古い契約も新しい契約も、この点は変わりありません。誤解してはいけないのは、旧約時代は律法を行うことによって救われる時代であり、新約時代は福音を信じることによって救われる時代だと考えることです。そうではありません。

旧約時代も決して行いによって救われる時代ではありません。そんなことができるはずはありません。罪人はいかなる意味でも、自らの行いによって、神の満足を獲得して、救いを勝ち取ることはできません。旧約の民もまた、神の恵みによってしか救われないのです。

しかし現実には、この一番の要の部分でイスラエルは堕落していきました。神の民に求められている最も大切なことは、神に対する真実であり、それを契約応答的に現すことでした。しかしイスラエルの民は、外面的な掟を守ることで神の民としての義務を果たしていると思いました。律法の本当の意味を見失いました。それを外面的な、応答可能な具体的な掟に置き換えてしまいました。それを守ることで大丈夫だと思ってしまいました。そうして神御自身から離れていったのです。

旧約時代の歴史は、ある意味で神の民の背信の歴史だと言えるでしょう。しかし憐れみ豊かな神は、こうした悲惨な人間の救いのために、新しい契約を結んでくださいました。

契約の本質は、旧約も新約も同じです。しかし決定的に新しい点は、救い主イエス・キリストが契約の仲介者として、私たちの救いのために必要な契約の条件をすべて満たしてくださったことです。その契約が確かであることの印として、聖霊を注いでいてくださったのです。


パウロはここで「文字は殺しますが、霊は生かします」と述べています。この言葉は歴史上誤って解釈されることがしばしばありました。つまり、もう律法の時代は終わったのであって、律法には何の役割もない。もはや聖書の言葉に縛られるのではなく、ただ霊の導きに従って生きればよいのだという解釈です。「言葉ではなく霊」というのが、熱狂主義的な集団の合言葉でもありました。

しかしここはそういう意味ではありません。律法は本来良いものです。パウロもローマの信徒への手紙の中で「律法は聖なるものであり、掟も聖であり、正しく、そして善いものなのです」（七・一二）と明言しています。

さらに、主イエス御自身も「天地が消えうせるまで、律法の文字から一点一画も消え去ることはない」（マタイ五・一八）と言われました。律法は良いものであり、新約時代であるからといって役割を終えたわけではありません。

しかし、律法はそれ自身が、人にその定めを実行する力を与えることはありません。律法自身がその人を助けて、神に導く力を与えるわけではありません。むしろ律法は、それを守れない人間の罪をあばくものです。律法は人を裁く機能を持ちます。有罪を宣告し、罪人を死に定めます。それゆえパウロは「文字は殺す」と言うのです。

しかしパウロが訴えたい真意は、後半にあります。律法そのものは、私たちに神の掟を守る力を与えることはない。しかし、新しい契約によって与えられる霊、聖霊は、その力を与える御方なのです。

聖霊は、単なる文字とは違って、実際に私たちが神に従うことができる力を与えてくださいます。喜んで御心に従うことができるようにしてくださいます。預言者エゼキエルもそのことを預言していました。

「わたしはお前たちに新しい心を与え、お前たちの中に新しい霊を置く。わたしはお前たちの体から石の心を取り除き、肉の心を与える。また、わたしの霊をお前たちの中に置き、わたしの掟に従って歩ませ、わたしの裁きを守り行わせる」（三六・二六—二七）。

「わたしの霊をお前たちの中に置き、わたしの掟に従って歩ませ、わたしの裁きを守り行わせる」とあるように、主の霊が与えられて、主の掟に従って歩む者になります。それが、聖霊降臨によって実現したのです。

聖霊なる神は、私たち一人一人の内に宿っておられます。この霊は、殺す霊ではなくて生かす霊です。私たちを本当の命に生かしてくださる霊です。パウロはローマの信徒への手紙八章でこう述べました。

「もし、イエスを死者の中から復活させた方の霊が、あなたがたの内に宿っているなら、キリストを死者の中から復活させた方は、あなたがたの内に宿っているその霊によって、あなたがたの死ぬはずの体をも生かしてくださるでしょう」（八・一一）。

私たちの体はまさに「死ぬはずの体」「死に値する体」です。私たちは惨めな者たちです。しかし、その私たちを本当の命に生かしてくださる霊が与えられています。戒めだけが与えられているのではありません。聖霊が与えられています。それゆえ私たちは、喜んで自由に主に従えるのです。

契約の条件は既にイエス・キリストが完全に成し遂げてくださいました。その恵みの中で、感謝の中で、御霊によって、真実に契約応答的に生きることが何より大切です。それができる霊が与えられています。それゆえ私たちは、揺るがない希望の内を歩むことができるのです。

三章七―一八節

栄光から栄光へ

ところで、石に刻まれた文字に基づいて死に仕える務めさえ栄光を帯びて、モーセの顔に輝いていたつかのまの栄光のために、イスラエルの子らが彼の顔を見つめえないほどであったとすれば、霊に仕える務めは、なおさら、栄光を帯びているはずではありませんか。人を罪に定める務めが栄光をまとっていたとすれば、人を義とする務めは、なおさら、栄光に満ちあふれています。そして、かつて栄光を与えられたものも、この場合、はるかに優れた栄光のために、栄光が失われています。なぜなら、消え去るべきものが栄光を帯びていたのなら、永続するものは、なおさら、栄光に包まれているはずだからです。

このような希望を抱いているので、わたしたちは確信に満ちあふれてふるまっており、モーセが、消え去るべきものの最後をイスラエルの子らに見られまいとして、自分の顔に覆いを掛けたようなことはしません。しかし、彼らの考えは鈍くなってしまいました。今日に至るまで、古い契約が読まれる際に、この覆いは除かれずに掛かったままなのです。それはキリストにおいて取り除かれるものだからです。このため、今日に至るまでモーセの書が読まれるときは、いつでも彼らの心には覆いが掛かっています。しかし、主の方に向き直れば、覆いは取り去られます。ここでいう主とは、〝霊〟のことですが、主の霊のおられるところに自由があります。わたしたちは皆、顔の覆いを除かれて、鏡のように主の栄光を映し出しながら、栄光から栄光へと、主と同じ姿に造りかえられていきます。これは主の霊の働きによることです。

パウロは六節で、自分は新しい契約に仕える者だと述べました。神がパウロを召して、新しい契約に仕える資格を与えられました。そしてパウロは新しい契約に仕える使徒になりました。

続く七節から一八節では、その新しい契約すなわち新約と、古い契約すなわち旧約との比較がなされています。聖書には旧約聖書と新約聖書があるわけですが、この旧約と新約にはどのような関係があるのでしょうか。これは聖書を理解する上で、またキリスト教信仰というものを理解する上で非常に重要なことです。ある意味、その両者の関係の理解の違いが、さまざまな立場を生み出していると言えます。

分かりやすいのは、ユダヤ教とキリスト教の違いです。ユダヤ教は旧約聖書だけを正典として認め、新約聖書を認めません。しかしキリスト教は旧約聖書も新約聖書も正典、神の言葉としています。しかしそのキリスト教会の中にも、ご存知のように多くの教派があるわけですが、そのような教派を生み出している一つの要因が、旧約と新約の関係の理解の相違にあります。

パウロはここで、旧約と新約の比較をするわけですが、そのために出エジプト記の一つの出来事を取り上げています。それは出エジプト記三四章二九節から三五節にある出来事です。パウロはこの出来事を取り上げて、新約が旧約より優れていることを論じていきます。

出エジプト記三四章は、神の戒めが再び石の板に刻まれ、それがイスラエルに与えられたことを記しています。民の指導者であるモーセが、シナイ山で戒めの刻まれた石の板を神から授かりました。そこには、神の民としていかに生きるべきか、契約の民として守るべき戒めが記されていました。モーセはその掟の板を持って山を下りました。その時モーセの顔の肌は光り輝いていました。それは彼が神と話すことができたがゆえに起こったことです。

パウロは七節でまずそのことを取り上げています。戒めの板がモーセに与えられたのは、まさに古い契約が結ばれた時でした。その時、モーセの顔が輝いて栄光が表されました。そこでパウロは、古い契約でさえこれほど栄光が表されたのなら、新しい契約はなおさら栄光に満ちていると言います。

パウロはここで、三つの点で新約と旧約を対比しています。第一は、七節、八節にあるように、旧約に仕える務めは「石に刻まれた文字に基づいて死に仕える務め」であるのに対して、新約に仕える務めは「霊に仕える務め」であることです。

石に刻まれた文字とは、言うまでもなく神の律法、十戒です。それは神の御心を知らせる尊いものですが、それは人間に罪を知らせることはできても、罪に打ち勝つ力を与えるわけではありません。律法は正しいものですが、それ自身が、人間に命を与えるのではありません。むしろ、罪を糾弾し、人間を裁く機能を果たします。

人間が救われるのは、霊によって生まれ変わることによります。聖霊が与えられて、イエス・キリストと結び合わされた時に、初めて人は罪を赦されて神の子どもとされます。その意味でまさに、六節に記されていたように「文字は殺しますが、霊は生かす」のです。

この霊による救いが、新しい契約による救いです。旧約よりもはるかに恵み深いものです。ですからパウロも八節で「霊に仕える務めは、なおさら、栄光を帯びているはずではありませんか」と述べています。

パウロが対比している第二の点は、九節にあるように、旧約に仕える務めは「人を罪に定める務め」であるのに対して、新約に仕える務めは「人を義とする務め」であることです。律法は人を罪に定めます。人を律法の呪いの下に置きます。しかしイエス・キリストの福音は、何よりも人を義とするものです。滅びから救うものです。そこに福音の本質があります。その点が律法とは違います。

対比の第三点は、一一節にあるように、旧約は「消え去るべきもの」ですが、新約は「永続するもの」であることとです。律法は、人間に対する神の意志を示すという意味では、どこまでも有効です。私たちが、毎週日曜日の礼拝の中で、十戒を交読しているのは、神の私たちに対する要求は今もなおこの十戒に要約されていると信じているからです。もし、新約時代にはもはや十戒は何の意味もない、効力は失われたのであるなら、こうして礼拝で交読する必要はありません。十戒は今も、神の民の生きる指針です。

けれども、新約時代になって、律法が福音に取って代わられた側面があることも忘れてはなりません。律法は単なる掟ではなく、やがて来られる救い主メシアを指し示す面を持っていました。特に、儀式的な律法はそうです。罪の贖いのための動物犠牲は、やがて来られる救い主の血による贖いを指し示していました。ですから、イエス・キリストが来られ、十字架の上で血を流してくださったことによって、律法の時代は終わったと言うことができます。

主御自身が言われたように、主イエスは律法を廃止するためではなく、完成するために来られました。イエス・キリストは律法の成就でした。それによって、新しい時代が始まりました。救い主を待ち望む時代は終わりました。その古い契約の時代はまさに「消え去るべきもの」です。

そして今や、律法を成就された救い主を、私の救い主、主として信じ従う時代となりました。それが新約時代です。やがて来られる救い主を待ち望む時代ではなくて、既に来てくださり、私たちの救いのための御業を完全に成し遂げてくださった方を、はっきりと知って、その方を信じる時代です。旧約時代よりも、はるかに鮮やかに、その救いの恵みが明らかにされている時代です。そしてその新しい時代は「永続するもの」です。

パウロはこうして三つの点で旧約と新約を比較しました。そして、新約が旧約よりもはるかに栄光に満ちていると語りました。その栄光が満ちている新しい契約に仕える務めに、自分は召されているのだ、と述べているのです。

一二節以下に進みますが、パウロは「このような希望を抱いているので、わたしたちは確信に満ちあふれてふるまっている」と言います。「このような希望」とは、新約が旧約よりはるかに勝っており、新約の栄光は旧約の栄光とは比べものにならないほど大きいということです。

パウロは、その新しい契約に仕える務めに召されているので、「確信に満ちあふれてふるまっている」と言います。この一二節の「確信に満ちあふれてふるまう」は、「大胆さを持って語る」とも訳されます。神にある自由さ、率直さを持ってふるまい、語るということです。

続く一三節でパウロは再び、出エジプト記三四章の御言葉に戻っています。先ほど述べましたように、モーセがシナイ山から降りてきた時、彼の顔は光を放っていました。そのため人々は、恐れてモーセに近づくことができませんでした。そこでモーセは自分の顔に覆いを掛けました。主の御前に行って主と語る際は、覆いを外しましたが、人々に出会って語る際は、覆いを掛けたのです。

パウロはその出来事を取り上げて、この「モーセの顔を隠す覆い」に、二つの象徴的意味を見出しています。

一つは、覆いで顔を隠して語るという点に表れているように、モーセは自由に大胆に奉仕ができなかったということです。大胆に、憚ることなく語ることができませんでした。しかしパウロは、そのモーセとは対照的に、大胆に語ることができると述べています。一二節、一三節にこうあります。「このような希望を抱いているので、わたしたちは確信に満ちあふれてふるまっており、モーセが、消え去るべきものの最後をイスラエルの子らに見られまいとして、自分の顔に覆いを掛けたようなことはしません」。

ここでパウロは、自分はモーセのように顔に覆いを掛けたりせず、確信に満ち溢れて大胆に語っていると言います。モーセは、覆いを掛けて、憚るようにしてしか語ることができませんでした。しかしパウロは、顔に掛ける覆いはなく、率直に、自由に語りました。そこにも、パウロは新約と旧約の栄光の違いを見出しています。

一三節に「モーセが、消え去るべきものの最後をイスラエルの子らに見られまいとして、自分の顔に覆いを掛けた」とありました。消え去っていくのはモーセの顔の栄光であり、ひいてはそれは旧約の栄光であると言えます。

この言葉自体がパウロの解釈ですが、パウロは明らかに、そこに旧約の栄光の終わりを見ています。律法の時代は一時的なものであり過ぎ行くものです。モーセは、消え去る契約の奉仕者であるがゆえに、大胆さが欠如しています。それに対して、パウロは永続する契約に仕える者であるから、大胆でありうるのだと述べているのです。


「モーセが顔を隠した覆い」に、パウロが読み取ったもう一つの象徴的意味があります。それはこの「覆い」が、心を鈍くする覆いであることです。一四節にこうあります。

「しかし、彼らの考えは鈍くなってしまいました。今日に至るまで、古い契約が読まれる際に、この覆いは除かれずに掛かったままなのです」。

この主語の「彼ら」は、イスラエルの民を指しますが、彼らはその覆いのゆえに、モーセの顔に表れた神の栄光を見ることができませんでした。真理に近づくことができませんでした。そのことを解釈してパウロは、「彼らの考えは鈍くなった」と言います。つまり、モーセの覆いに、イスラエルの民が真理に対して鈍くなった心の頑なさを、象徴的に読み取っています。「彼らの考えは鈍くなった」とありますが、これはむしろ「彼らの思いは頑なにされた」と訳せます。考えが鈍くなったというより、心が硬くなったのです。

パウロは、それ以来、ユダヤ人の心には同じような覆いが掛かったままだと言います。パウロの時代も、安息日ごとに会堂に集まって旧約聖書の朗読がなされていました。しかし、彼らの心の「覆いは除かれずに掛かったまま」だとパウロは言います。聖書を聞きながらも、その本当の意味が分からないままで今日に至っている、と言うのです。

同じことが一五節でも言われています。

「このため、今日に至るまでモーセの書が読まれるときは、いつでも彼らの心には覆いが掛かっています」。

ユダヤ人たちは、安息日ごとに会堂に集まり、聖書の朗読を聴いていました。御言葉を聞いて神を礼拝していました。けれども、彼らの心には覆いが掛かっていました。その覆いのゆえに、御言葉の真理もまた覆われていたのです。

それゆえ、古い契約が古いものであることが分かりませんでした。律法が過ぎ去るものであることが分かりませんでした。律法そのものに命を与える力があるのではなく、むしろそれは人間を断罪して、死をもたらすものであることが分かりませんでした。心に覆いが掛かっていれば、どんなに熱心に礼拝に集い、神の言葉を聞いても、真理は分からないのです。

主イエスの時代、またパウロの時代のユダヤ人たちは、基本的に律法を守ることで神に受け入れていただけると信じていました。神の前に精一杯律法を守ること、それ自体は正しいことです。しかし、その律法を守っている「自分の正しさ」によって神に認めていただけると考えることは誤りでした。

この場合は、あくまで自分の正しさを拠り所としているからです。自分の努力によって、神に認めてもらえると考えているからです。救いの根拠を、自分に置いていると言えるでしょう。律法を精一杯守ろうと努力していること、安息日の礼拝を守ること、そうしたことで、神は自分を受け入れてくれているに違いないと考えてしまう。自己義認に陥ってしまうのです。

ユダヤ人たちはまさに、宗教的な生活を送っていました。熱心でした。しかしいつの間にか、その熱心さそのものによって、神が自分を受け入れていると思う錯覚に陥っていました。心に覆いが掛かっていたとは、そういうことです。

漠然とした自己義認に陥っているために、御言葉を聞いても真理が分かりません。つまり、御言葉を聞いて、自分の罪を本当に嘆くことがありませんでした。自分の罪を本当に神の前で問うことをしないのです。そこをあいまいにして、自分は神に受け入れられていると思うのです。

それがまさに、心に覆いが掛かっている状態です。自分で自分を認めて正当化している。神の役割を先に自分が果たしている。自分で自分を赦して、正当化している。そうなれば、神を礼拝することや、神の言葉を聞くことの真の緊張感は失われてしまいます。熱心な信仰生活をしているようで、しかし心には覆いが掛かっている。それはユダヤ人だけの問題ではなくて、まさに私たち一人一人の問題なのです。

ではその心の覆いはどのようにして取り除かれるのでしょうか。パウロは一四節の最後に「それはキリストにおいて取り除かれる」と記しています。また一六節には「しかし、主の方に向き直れば、覆いは取り去られます」とあります。

心の覆いを取り除けることができる唯一のお方はキリストです。それゆえ、覆いが取り除けられる唯一の方法は、「主の方に向き直る」ことです。これまでいろいろな方に向いていた自分を、はっきりと主イエスに向ける。主イエスの方に向きを変えることです。

自分ばかりを見ていたり、また、他の人を見ては自分と比べて一喜一憂するという、そういうところから抜け出すことです。いたずらに自分を見たり、また人を見ている限り、心の覆いはそのままです。真理は見えてきません。そして覆いがあれば、御言葉をどんなに聞いてもそれは分からない。真理は分からないのです。

聖書が本当の意味で分かる唯一の方法は、単に聖書を勉強することではありません。聖書の勉強は大切です。神学も大切です。しかし、聖書の真理が、自分にとっての聖書の真理が本当に分かる唯一の方法は、主イエスに向きを変えて、主イエスに向かって歩き出すことでしかありません。自分が本気で、主イエス・キリストに向かって一歩踏み出すことがなければ、聖書の本当の意味は分かりません。

しかし逆に、他のいろいろなことをひとまず置いて、本気で主イエスに向き合い、主に近づいて御言葉を読むならば、御言葉の真理は必ず、心に響いてきます。自分の罪や愚かさ、自分の本当の姿が見えてくる。そして、その自分を救ってくださるイエス・キリストの福音が分かるようになるのです。

「覆いが取り除けられる」とはより具体的にはどういうことなのでしょうか。パウロは一七節でこう続けています。

「ここでいう主とは、〝霊〟のことですが、主の霊のおられるところに自由があります」。

心の覆いは、主の霊によって、すなわち聖霊によって取り除けられます。真実に主に向き直れば、聖霊なる神が私たちの内に働いてくださいます。そして御霊が働いてくださる時、私たちには真の自由が与えられるのです。

一般的には、本気で神を信じるなどと言いますと、何か非常に不自由な世界に入っていくように聞こえるかもしれません。この世には、キリスト教に入信すれば、清く正しい生活を送らなければならない、そのような縛りや不自由さの中に入っていくというイメージがあるように思います。

しかし聖書がはっきり教えているのは、キリスト者こそがこの世で最も自由な人であることです。なぜなら、キリスト者は罪と死から解放されているからです。もはや罪や死がキリスト者を支配することはできません。

この世の多くの人たちは、自由という名で、実は罪の奴隷になっています。人間の欲望を満足させるさまざまものによって、多く人たちは惑わされ、支配されています。そして、そのようなはかない何かを追い求めることを止めることができません。そういう奴隷状態にあると言えるでしょう。そして最後には、自らの生涯の総決算として死を迎えなければなりません。死の問題が解決されていない限り、人間は死の奴隷だと言えるでしょう。

人間は罪と死の隷属の下にあります。しかし、キリスト者はそこから解放されています。真の自由が与えられています。そして神の子として愛されて、神の子の自由の中で、心安らかに生きることができます。

主イエス御自身が「わたしの言葉にとどまるならば、あなたたちは本当にわたしの弟子である。あなたたちは真理を知り、真理はあなたたちを自由にする」（ヨハネ八・三二）と言われました。私たちが真の意味で自由になること、それが、主が望んでおられることです。主に向き直れば覆いは取り去られます。そして、御霊が私たちに内住して、真の自由を与えてくださいます。その恵みに、私たちは招かれているのです。

最後に、一八節の御言葉に目を留めたいと思います。

「わたしたちは皆、顔の覆いを除かれて、鏡のように主の栄光を映し出しながら、栄光から栄光へと、主と同じ姿に造りかえられていきます。これは主の霊の働きによることです」。

パウロは最後に、聖霊を与えられているキリスト者に対する恵みの約束を述べています。

第一は、キリスト者は主の栄光を見ながら生きる者であることです。新共同訳では「わたしたちは皆、顔の覆いを除かれて、鏡のように主の栄光を映し出しながら」と訳されていますが、ここは「わたしたちは皆、顔の覆いを除かれて、主の栄光を鏡で見るように見る」と訳せます。

つまり、旧約時代は顔の覆いがあって、主の栄光を十分に見ることはできなかったけれども、キリスト者は、その時代よりもはるかに鮮やかに主の栄光を見ることができるということです。しかし、キリスト者といえども、直接主の栄光を見ることはできません。なお「鏡で見るように」しか見れません。直接見ることができるのは、天の御国です。しかしキリスト者は、旧約時代よりも、はっきりと主の栄光を見ることが許されているのです。

キリスト者に与えられる約束の第二は、「栄光から栄光へと、主と同じ姿に造りかえられていく」ことです。「栄光から栄光へ」とあるように、継続的に、絶えず、段階的にということです。キリスト者は、この世で、そのように継続的に変えられていきます。

どのように変えられていくのかといえば、「主と同じ姿」に変えられていきます。キリストが持っておられた、神の子としての姿に似せられていく。神の子としての自由に生きるものとされていきます。パウロはフィリピの信徒への手紙において、こう述べました。

「キリストは、万物を支配下に置くことさえできる力によって、わたしたちの卑しい体を、御自分の栄光ある体と同じ形に変えてくださるのです」（三・二一）。

神はその御力によって、私たちを「キリストの栄光ある体と同じ形に変えて」くださいます。それが生涯にわたって続きます。しかしこの世でそれは完成しません。天の御国においてそれは完成するのです。

一八節の最後にあるように、そのすべては「主の霊の働きによることです」。人間の努力によって、人は自分を変えることはできません。私たちを、真の意味で自由にし、そしてイエス・キリストに似る者へと変えてくださるのは、ただ聖霊なる神です。聖霊なる神が、内に宿ってくださる時、内側から私たちを作り変えてくださいます。

私たちの心の覆いは、キリストによってしか取り除くことはできません。そのためには、私たちはしっかりと主に向き直らなければなりません。その時に、主は聖霊によって働いてくださいます。そして聖霊が内に住まわれる時、本当の自由と、恵みが約束されているのです。

栄光から栄光に生きることができるのが、キリスト者に与えられている約束です。その約束をしっかり握って、共に歩んでいきたいと願います。

四章一—五節

福音に生きる

こういうわけで、わたしたちは、憐れみを受けた者としてこの務めをゆだねられているのですから、落胆しません。かえって、卑劣な隠れた行いを捨て、悪賢く歩まず、神の言葉を曲げず、真理を明らかにすることにより、神の御前で自分自身をすべての人の良心にゆだねます。わたしたちの福音に覆いが掛かっているとするなら、それは、滅びの道をたどる人々に対して覆われているのです。この世の神が、信じようとはしないこの人々の心の目をくらまし、神の似姿であるキリストの栄光に関する福音の光が見えないようにしたのです。わたしたちは、自分自身を宣べ伝えるのではなく、主であるイエス・キリストを宣べ伝えています。わたしたち自身は、イエスのためにあなたがたに仕える僕なのです。

三章七節から一八節では、新約と旧約の比較が論じられました。その中でパウロは、新約が旧約にはるかに勝ることを論じました。四章一節冒頭の「こういうわけで」はそのことを受けていると思われます。つまり、新約は旧約にはるかに勝り、パウロはその新約の働き人とされています。その新約の福音に仕える務めを与えられている者として、自分たちがいかに歩んでいるかを四章一節以下で語っていきます。

パウロの使徒としての働きについての批判がありました。パウロの使徒職を疑い、彼の語る福音を受け入れない者たちがいました。パウロはここから再び、そうした非難に対する弁明に立ち戻っています。一節にこうあります。

「こういうわけで、わたしたちは、憐れみを受けた者としてこの務めをゆだねられているのですから、落胆しません」。

パウロの使徒職に関する弁明の第一点は、その資格は神から与えられたことです。パウロはここで明確に、神から「この務めをゆだねられた」と言っています。彼は自分が主体的にこの立場を獲得したのではありません。使徒職に就きたいと願ったり、そのために努力をしたということはありません。彼はただ、神の憐れみを受けて、この務めを委ねられたのです。

パウロはかつて、熱心なユダヤ教徒であり、熱烈な教会の迫害者でした。教会の撲滅を心から願い、そのために誰よりも激しく活動していた人物でした。ですから、彼ほど使徒にふさわしくない人間はいませんでした。キリストを宣べ伝える伝道者を、心底憎み、迫害していた人でした。その彼が、キリストを宣べ伝える使徒とされました。

パウロは、キリストの教会を迫害していた大罪人でした。しかし神は、彼を憐れんでくださいました。「憐れみを受けた」とは、ただ神の恵みによって彼の罪が赦されたということです。キリスト御自身が彼と出会ってくださり、彼の罪を赦してくださいました。

そしてパウロは赦されただけでなく、神から使徒としての務めを委ねられました。一節の「務め」と訳されている言葉は「ディアコニア」ですが、これは「奉仕」とか「仕える」という意味です。パウロは、仕えるために召されました。神と人に奉仕するために召されました。彼はただ単に神の憐れみをいただいたのではありません。ただ単に罪の赦しを与えられたのではありません。彼は憐れみと同時に、務めを委ねられました。なすべき使命を、奉仕を与えられたのです。

このことはパウロだけに当てはまることではなく、すべてのキリスト者に当てはまります。私たち一人一人も、神の憐れみを受けた者たちです。自分で神の憐れみを獲得したのではありません。ただ神が恵みによって、罪を赦してくださいました。私たちは神の憐れみのゆえに、イエス・キリストの十字架の贖いのゆえに、完全に罪を赦されました。

しかしそれですべてが終わりではありません。神がパウロに仕える務めを与えられたように、私たち一人一人にも、仕える務めが与えられています。私たちは仕えるために召され、生かされている存在です。その仕え方や仕える内容には、多様性があります。しかしキリスト者はいずれも、神と人に仕えるために生かされていることに変わりはありません。

パウロはここで「わたしたちは、憐れみを受けた者としてこの務めをゆだねられているのですから、落胆しません」と述べています。「私は落胆しない」「失望しない」「勇気を失わない」とパウロは言いました。なぜパウロは落胆しないのでしょうか。また「落胆しない」と断言できるのでしょうか。

それは彼が特別に恵まれた境遇に置かれていたから言えたことなのでしょうか。そうではありません。彼は本当につらく厳しい生活をしていました。一章八節でパウロはこう述べました。

「兄弟たち、アジア州でわたしたちが被った苦難について、ぜひ知っていてほしい。わたしたちは耐えられないほどひどく圧迫されて、生きる望みさえ失ってしまいました」。

彼は生きる望みさえ失うほどの困難や迫害を経験しつつ生きていました。まさに、落胆せざるを得ないような状況に繰り返して突き落とされていました。しかしそれでもパウロは、落胆しませんでした。勇気を失いませんでした。

それは彼が特別に強い信仰、強い心を持っていたからなのでしょうか。そうではありません。パウロはここで「神の憐れみを受けた者として、この務めをゆだねられている」から、落胆しないと言っています。パウロが落胆しない根拠は、「神の憐れみ」と「神の召し」にありました。神が自分を愛し、自分の罪を完全に赦してくださったこと、そしてその神がこの務めを与えてくださったという確信が、彼を常に支えていたのです。

伝道には落胆がつきものです。いや生きることにも落胆はつきものです。落胆した経験がないという方は、誰もいないでしょう。私たちはある意味で、落胆と隣り合わせに生きていると言えるかもしれません。生きるということは、そういうことです。しかしその中で、私たちを支えるものがあるのです。それが神の憐れみであり、またその神が与えてくださる務めなのです。

神の憐れみによって罪が赦されたということ、それは揺らぐことのない決定的なことです。すべてのことは目まぐるしく変化していきます。私たちは日々、目前のことに対処することで精一杯になりますし、それによって疲れ果ててしまうこともあります。目前のことに一喜一憂します。

そうした中で、私たちを支える確かな土台が、神の憐れみを受けたことなのです。自分のような罪人がキリストによって罪を赦されたことです。このことは、何があっても変わらないことなのです。

そして神は、神と人に仕えるために、私たち一人一人を生かしておられます。これも変わりません。

ですから私たちが今生きていることには、目的と意義があるのです。

目に見えるものや、自分自身の内に人生の土台を築く者は、落胆が避けられません。なぜなら、それは決して確かな土台になりえないからです。しかし、神の側に、神の御業の内に人生の土台を築く者は、落胆しないで生きることができます。パウロはそこからいつも力を得ていました。私たちも神の側に、神の憐れみに目を留め続ける時、新しい力を与えられるのです。

パウロの使徒職に関する弁明の第二点は、偽使徒との違いを強調している点です。それが二節に記されています。二節でパウロが否定している態度こそ、彼を非難する者たちの態度であったと思われます。

パウロは「卑劣な隠れた行いを捨て、悪賢く歩まず、神の言葉を曲げず」に、歩んでいました。「卑劣な隠れた行いを捨て」と訳されている部分は、解釈が二つに分かれています。一つは新共同訳が訳しているように、公然とするのをはばかるような行動を捨てるという意味です。恥ずべき隠れたことを捨て去るということです。

もう一つの解釈は、自分が恥をかくことを避けようとしない、という意味です。カルヴァンはこの解釈を取っています。つまり、コリントの信徒への手紙一の一章に記されていたように、十字架の福音はこの世の知恵からすれば愚かに思えます。二〇〇〇年前に殺された人の死を自分の救いの根拠と考えるのですから、それは当然でしょう。それゆえ、それをそのまま伝えれば、この世の人々から嘲笑されて恥をかくことがあります。

それゆえその福音の単純さを恥じて、福音にそれらしい厚化粧をしようとする。もっともらしい、深遠な思想のように装うのです。そして自分が愚かな福音を信じていると人々から見下されたり、恥をかくことを避けようとするのです。しかし、そういうことをしない、というのがこの部分の意味です。端的に、福音を恥としない、という意味に解することができます。

さらにパウロは「悪賢く歩み」ませんでした。悪賢く歩むとは、ちょうど、律法学者たちが主イエスの言葉尻を捕らえて罠にかけようと、たくらみのある質問をしたようなことを指します（ルカ二〇・二三）。悪だくみや悪知恵を働かせて歩むことです。

またパウロは決して「神の言葉を曲げ」ませんでした。この「曲げる」は「騙す」という意味で、ちょうど、ワインに水を入れて薄め、品質を落とすことを意味します。同じように、神の言葉を水で割る。自分の利益や名誉のために神の言葉を都合のよいように解釈する。そういうことをしない、とパウロは言っています。

ある神学者は「伝道で一番困難なことは、相手がどう思おうが、語るべきことを語ることだ」と言っていました。説教は生身の人間が、生身の人間に対して語るものですから、そこには聴衆の状況への目配りや、言葉が届くための配慮、すなわち対話性というものがどうしても必要です。しかしその配慮が行き過ぎて、聴衆の顔色をうかがうようになり、それによって、語るべきことを語らなかったり、また逆に福音にないことを語るとすれば、それは神の言葉を曲げたことになります。

ある神学者が言っているように、説教者というのは、いつも神の言葉を曲げる誘惑にさらされている存在だと言えます。聴衆を満足させようとか、耳に聞こえのよいことを言おうとする誘惑です。しかし説教は、神の言葉が純粋に説き明かされることが貫かれなければなりません。人々の耳を喜ばせるのを目指すような説教になれば、それは神の言葉を曲げていることに他なりません。それゆえ教会は常に、説教者が、神の言葉をまっすぐに語れるように祈る必要があります。

パウロは「神の言葉を曲げず、真理を明らかに」し続けました。陰謀的な技巧を用いずに、純粋に、真理を率直に提示しました。二節の後半には「真理を明らかにすることにより、神の御前で自分自身をすべての人の良心にゆだねます」とあります。ここに「良心」という言葉が出てきます。

パウロは常に、自分の良心に照らして、神の前にやましくないように務めを果たしていました。神の御前に「やましくない良心」を保とうとしていたと言えます。それゆえ、他の人々が神の御前に真に良心的であれば、パウロが真実の使徒であり、その神からの務めを誠実に果たしていることを認めてくれると確信していました。

それゆえ彼は「神の御前で自分自身をすべての人の良心にゆだねます」と言います。いたずらに自己弁護をするのではなく、自己弁護のための論陣を張るのではなく、すべての人の良心に自分を委ねる、と言います。パウロが神の前に、真に良心的に生きている姿を通して、他者の良心に訴えようと言うのです。

パウロは福音を語り、またそれに生きている人でした。福音に生きるとは、自己を正当化しながら生きるのではなく、自分の罪を認め、それを神に告白しつつ、キリストの十字架の赦しをいただいて生きることです。人を非難して自分を正当化する生き方ではなく、自らの罪を悔い改めながら生きることです。

パウロは自らのそういう姿を示すことで、人々の良心に訴えたいと願いました。自己主張と他者への非難に明け暮れている人々の良心を呼び覚ましたいと思いました。多くの人々が自分の罪を問うのではなくて、自己正当化に生きている中で、パウロは自らが悔い改めに生きることによって、彼らの良心に訴えたいと考えたのです。

しかしパウロは単に、自らを他人の良心に委ねたのではありません。「神の御前で」とありますように、最終的には神に委ねています。すべてをご存知の神に信頼しつつ、パウロは自らを他者の良心に委ねたのです。

パウロの使徒職に関する弁明の第三点が、三節、四節です。パウロが伝えていた福音に対する批判がありました。パウロの語ることはあいまいで、分からない。受け入れられない内容のものだ、という批判がありました。それに対してパウロはここで反論しています。三節でこう言います。「わたしたちの福音に覆いが掛かっているとするなら、それは、滅びの道をたどる人々に対して覆われているのです」。

つまりパウロは、彼の語る福音が分からない原因は、彼の側にあるのではない。問題は語る側にあるのではなく、聞く側にあるのだと、と言います。滅びの道をたどる人々に対して覆いが掛かっているがゆえに、福音が分からないのだと言うのです。

パウロは神の言葉を曲げず、真理を明らかにしていました。その点に関して、神の御前に一点の良心の曇りもありませんでした。それでも、理解できない多くの者たちがいました。福音の真理がまっすぐに語られても、理解されないことがあるのです。

「十字架の言葉は、滅んでいく者にとっては愚かなものですが、わたしたち救われる者には神の力です」とパウロはコリントの信徒への手紙一で語りました。十字架の言葉、すなわちイエス・キリストの福音は、滅んでいく者にとっては愚かにしか思えないものです。しかし、救われる者にはそれこそが神の力です。同じ福音が、全く違うものとして響くのです。

パウロはその背後に、この世の悪しき霊の力を見ます。四節にこうあります。

「この世の神が、信じようとはしないこの人々の心の目をくらまし、神の似姿であるキリストの栄光に関する福音の光が見えないようにしたのです」。

「この世の神」とは、新約聖書ではここだけに見られる表現ですが、これは「この世のかしら」とも呼ばれる悪魔、サタンのことです。エフェソの信徒への手紙によれば、サタンは「この世を支配する者、かの空中に勢力を持つ者、すなわち、不従順な者たちの内に今も働く霊」（二・二）です。サタンは、キリストを信じていない人々の心の目をくらまし、キリストが栄光の主であることが分からないようにしています。

「この世の神」とありますが、真の神と対抗しうるような「力ある神」ということではありません。あくまで、真の神の支配下に置かれている霊です。しかしこの世においては、あたかも神であるかのように力を振るうことがあります。

サタンは今もなお神の業に反抗し、人を支配する力を持ちます。それゆえパウロは「わたしたちの戦いは、血肉を相手にするものではなく、支配と権威、暗闇の世界の支配者、天にいる悪の諸霊を相手にするものなのです」（エフェソ六・一二）と語りました。

このサタンが、人々の心の目をくらませているのですから、私たちは、伝道の戦いにおいては何よりも祈りが必要だということになります。人々の心の目をくらませているサタンに対抗できるのは神の力のみです。それゆえ私たちは、「絶えず目を覚まして根気よく祈り続ける」必要があるのです（エフェソ六・一八）。


パウロの使徒職に対する弁明を通して、彼がどのように振る舞い、どのように福音を宣べ伝えてきたかを見てきました。そして五節に、伝道にとって、また伝道者にとって決定的に重要なことが記されています。最後にその点を見ておきたいと思います。

「わたしたちは、自分自身を宣べ伝えるのではなく、主であるイエス・キリストを宣べ伝えています」。

伝道とは何か。それは「自分自身を宣べ伝えるのではなく、主であるイエス・キリストを宣べ伝える」ことです。自分自身を宣べ伝えて、人々を自分に引きつけてしまうとしたら、それは真の伝道ではありません。伝道はあくまで、主であるイエス・キリストを宣べ伝えることであり、人々をイエス・キリストに引きつけること、イエス・キリストに導くことです。

イエス・キリストが主であるということ、それが福音の中心です。主であるとは、真の神であるということ、また、真の救い主であるということです。伝道とは、イエスが主であるということを宣べ伝えることです。説教の任務もそこにあります。

四節には「神の似姿であるキリストの栄光に関する福音」という言葉がありました。福音とは「神の似姿であるキリストの栄光に関すること」です。キリストは神の似姿であられるお方です。コロサイの信徒への手紙には「御子は、見えない神の姿であり、すべてのものが造られる前に生まれた方です」（一・一五）とあります。またヘブライ人への手紙には「御子は、神の栄光の反映であり、神の本質の完全な現れであって、万物を御自分の力ある言葉によって支えておられる」（一・三）とあります。

主イエスは見えない神の姿であり、神の栄光の反映です。そして主イエス御自身もこう言われました。

「わたしを信じる者は、わたしを信じるのではなくて、わたしを遣わされた方を信じるのである。わたしを見る者は、わたしを遣わされた方を見るのである」（ヨハネ一二・四四―四五）。

主イエスこそが神の似姿であられるお方です。私たちは主イエスを通して神を知り、また主イエスの贖いによって赦されて神に近づく者とされます。

そういうお方として、イエス・キリストを伝えることが伝道です。道徳の教師として、倫理の教師としてイエスを伝えることは伝道ではありません。イエスが主であることを伝えるのが伝道なのです。

五節の後半には、伝道する者に必要とされる基本姿勢が記されています。

「わたしたち自身は、イエスのためにあなたがたに仕える僕なのです」。

パウロは自らのことを、「あなたがたに仕える僕」だと言いました。伝道する者に求められているのは、しもべになることです。支配者になることではありません。人を支配する立場に立とうと思えば、伝道はできません。しもべにならなければなりません。

パウロは「あなたがたに仕える僕」とあるように、コリントの信徒たちのしもべになりましたが、「イエスのために」とあるように、本当の主人は主イエスでした。パウロはキリストのゆえに人々に仕えました。キリストへの従順のゆえに、パウロはしもべとして教会に仕えました。その姿勢こそが、伝道者に求められるのです。

問われているのは伝道者だけではありません。問われるのは、私たち一人一人の基本姿勢です。主人になるのではなく、しもべになっているか、ということです。キリストのゆえに互いに仕えるしもべになる。そのことに、私たちは召されています。

私たちはいずれも、主の憐れみを受けた者たちです。そして福音宣教の務めを委ねられています。それに答えていくためにどうしたらよいのか。そこで問われるのは、私たちは本当に「しもべ」なのかということです。イエス・キリストのゆえに、互いに仕える「しもべ」となっているのか、ということなのです。

イエス・キリストは「しもべ」としての生涯を歩まれました。そして命さえも捧げてくださいました。私たちはその主イエスを見つめて、同じく「しもべ」として生きるように召されています。わたしたちが互いに「しもべ」として仕え合う時、教会はイエス・キリストを証しする群れとなります。そこでこそ、教会の伝道は前進するのです。

四章六―一二節

土の器に納めた宝

「闇から光が輝き出よ」と命じられた神は、わたしたちの心の内に輝いて、イエス・キリストの御顔に輝く神の栄光を悟る光を与えてくださいました。

ところで、わたしたちは、このような宝を土の器に納めています。この並外れて偉大な力が神のものであって、わたしたちから出たものでないことが明らかになるために。わたしたちは、四方から苦しめられても行き詰まらず、途方に暮れても失望せず、虐げられても見捨てられず、打ち倒されても滅ぼされない。わたしたちは、いつもイエスの死を体にまとっています、イエスの命がこの体に現れるために。わたしたちは生きている間、絶えずイエスのために死にさらされています、死ぬはずのこの身にイエスの命が現れるために。こうして、わたしたちの内には死が働き、あなたがたの内には命が働いていることになります。

パウロは五節で、伝道とは何か、また伝道者に求められる基本姿勢とは何かを語りました。伝道とは、「自分自身を宣べ伝えるのではなく、主であるイエス・キリストを宣べ伝え」ることです。イエスは主であるということを伝えることです。自分のことを伝えること、自分に人を引きつけることは真の伝道ではありません。

それゆえ伝道者に求められるのは、主イエスのゆえに「仕えるしもべになる」ことです。主人になるのではなくて、しもべになる。本当の主人はイエス・キリストですから、キリストへの従順のゆえに、人々にまた教会に仕える。それが、主を宣べ伝える者に求められる基本的態度です。しもべとなって、イエス・キリストこそが真の神であり、救い主であることを伝える。パウロはただそれに専念していました。イエス・キリストの福音を伝える務めを委ねられた者として、良心に恥じることのない歩みをしていました。

では、そのようにして語られるイエス・キリストの福音は、どのようにして人々の心を捉えることができるのでしょうか。キリストの福音は、どうして人々に分かるようになるのでしょうか。それについてパウロは六節でこう語っています。

「『闇から光が輝き出よ』と命じられた神は、わたしたちの心の内に輝いて、イエス・キリストの御顔に輝く神の栄光を悟る光を与えてくださいました」。

翻訳が少し分かりにくいのですが、主語は神です。神が私たちの心の中を照らしてくださいます。それによって、イエス・キリストの御顔における神の栄光の知識が輝くようにしてくださるのです。六節は、イエス・キリストの福音の光が、どうして人々の心に見えるようになるかを説明しています。それは、神が人々の心を照らしてくださることによります。神が心を照らしてくださって初めて、イエス・キリストの福音が自分のこととして分かるようになります。

パウロは神の言葉を曲げることなくまっすぐに語りました。ではそれによって、聞いたすべての人が福音を理解し、受け入れたのかといえばそうではありません。福音がまっすぐに語られることは絶対に必要なことです。しかし、その福音が、本当に自分のこととして分かるようになるためには、神が心を照らしてくださることが必要です。

では、福音が自分のこととして分かるとはどういうことでしょうか。それは何より、自分の罪が分かることです。自分が神の御前に恐るべき罪人であり、神の永遠の裁きに値する者であるということが分かることです。そしてイエス・キリストが自分の救い主であるということが分かることです。イエス・キリストの十字架の死が、自分の罪の赦しのためであったことが分かる。

こうした福音の中心点は、この世の知恵からすれば愚かなことでしかありません。ですから、この世の知恵の延長線上に、福音の理解があるわけではありません。自らが神の御前にどれほどの罪人であるのかが分かること、またイエス・キリストが自らの本当の救い主であることが分かるのは、聖霊なる神が心の内に働いてくださることによって初めて起こります。

ですから逆に考えるならば、私たちが本当に罪の自覚を持ち、イエス・キリストに依りすがる思いを与えられているならば、それはまさに私たちの内に聖霊なる神が宿っておられる証拠だと言えます。救いの確かな保証として聖霊が与えられているのです。

パウロはここで、この聖霊が心を照らしてくださることを、神の創造の業に似せて語っています。「闇から光が輝き出よ」とは、創世記一章三節にある神が光を創造された命令の言葉です。神は最初に光を造られました。それによって原初の闇を追い出されました。

同じように、聖霊なる神が私たちの心を照らしてくださる時、心の闇が追放されます。四節にありましたように、この世の神であるサタンは、信じようとはしない人々の心の目をくらませています。

罪人の心は無知の闇に覆われ、捉われています。

その心の闇を追い出し、解き放つことは、人間の力ではできません。語られた神の言葉である福音と共に、聖霊なる神が働かれた時、御霊によって心が照らされた時、そこでイエス・キリストの福音が自分のこととして分かるようになります。神学の言葉で言えば、それが聖霊の内的照明ということです。

それは、最初の光の創造に比する、新しい創造の業です。ですからイエス・キリストを信じている者は、新しく創造された者、新しく生まれた者だと言えるのです。


パウロが伝えている福音は、人を新しく創造することができる栄光の福音です。力ある福音です。ではそのような偉大な福音を宣べ伝えている者はどのような者なのでしょうか。

一節から六節で、福音の光がどれほど栄光に満ちたものであるかが語られました。七節からは、その福音を担う者たちのことが述べられます。

「ところで、わたしたちは、このような宝を土の器に納めています」（七節）。

「このような宝」とは、「神の栄光の知識」、すなわち福音を指しています。それは人間にとってかけがえのない宝です。人の心を暗闇から光へと変え、死から命に至らせるのがイエス・キリストの福音です。それは人間にとってかけがえのない宝だと言えるでしょう。もっともある説教者は、私たちが福音を本当に自らの宝だと思っているかがまず問われなければならない、と述べていました。イエス・キリストの福音を本当に自分の宝だと思っているか。イエス・キリストよりも、大切に思っている宝はないのか、という問いです。福音を信じる信仰を、自分の生の中で本当にこよなく大切なものと思っているのか。信仰なしの自分の生活はまったく考えられない。信仰がそういう位置付けを持っているのか。それとも、信仰よりも大切なものを抱えており、神への信仰が自らの中心を占めることを妨げていることはないか。

聖書は、イエス・キリストの福音こそが、真の宝だと述べています。イエス・キリスト以上に大切な宝を持つことは、その人の歩みを歪めることになりかねません。

人を新しく造りかえることができる命の福音、それがイエス・キリストの福音です。それが本当の宝です。ではその偉大な宝は、誰によって担われているのでしょうか。パウロは「宝は土の器に納められている」と言います。

「土の器」とは、当時の家庭でごく普通に用いられていたものです。「陶器」と言い換えてもよいのですが、そんな立派なものではありません。安価で、そしてすぐに壊れてしまうものでした。また壊れたらもう価値がないため、捨てるしかありません。つまり、それ自体には本当に価値がないものでありました。

それが人間だとパウロは言います。人間は壊れやすく、それ自体価値のないものです。人間は土のちりで造られた存在です。そして罪の内に生まれ死に値する存在です。ですから、それ自体には「価値がない」と言えます。まさに私たち人間は、誰しも「土の器」にすぎません。

パウロがここで「土の器」と言っている時、自らの弱さを意識していたのかもしれません。彼には祈っても癒されない病がありました。それが何であったのかはよく分からないのですが、当時の人々の迷信的な考えからすれば、つまずきになりかねないような病であったようです。つまり、当時の人々が悪霊の業と考える類の病であった可能性があります。

ですからパウロは、何度もそれを取り去ってくれるように祈りました。しかし主は取り去ってくれませんでした。彼はその弱さを、ある惨めさを抱えながら生きたのです。そのことが、彼が人間のことを「土の器」と呼んでいることに関係しているのかもしれません。パウロはまさに自分自身を、壊れやすく、それ自体に価値がない、「土の器」だと自覚していたのです。

しかし神は、その土の器に福音の宝を納めてくださいました。罪の内に生まれ、死に値する惨めな人間を、栄光の福音を担う器としてくださったのです。

なぜ神は、福音を伝えるために、そのような土の器を用いられたのでしょうか。もっと力強く、確実な手段を用いることもできたはずです。弱々しい人間を用いなくても、御自身の業を推し進めることができたはずです。それなのになぜ、神は土の器である私たちを用いられるのでしょうか。七節の後半にはこうあります。

「この並外れて偉大な力が神のものであって、わたしたちから出たものでないことが明らかになるために」。

これが、神が福音宣教のために人間を用いられる理由です。神が弱く、惨めな人間をあえて用いられるのは、神の力が本当に神の力として明らかにされるためです。神の力と人間の力が混同されることのないためです。福音の力がただ神からのものであることが明らかにされるためです。福音を語る者の弱さや惨めさが、むしろ「この力が神のものである」ことを明らかにするのです。

私たちは、いつも自分の弱さや惨めさを言い訳にして生きていると思います。自分のような弱い者は、とても伝道などできない。自分のような惨めな者は、とても神に用いていただくことはできないと。

しかし聖書がはっきり教えているように、私たちが弱いこと、私たちが惨めであることは、何ら福音の妨げにはなりません。むしろ福音の妨げは、私たちが弱く、惨めな者であることを認めずに、自分の力でやろうとすることです。自分の立派さで福音を伝えようとする。自分の立派さで神に用いられようとする。それが福音の妨げになるのです。

主イエスははっきりと「力は弱さの中でこそ十分に発揮される」と言われました。神は、強い立派な人、自分の能力を信じ、それで生きようとする人を用いられることはありません。むしろ神は、弱い人を通して働かれます。自分では何もできないと本当に思っている人を通して働かれます。弱い人を通して、神の力ははっきりと明らかに示されるのです。

ですから、教会においては、高齢者、病を負っている人、また子どもたちは、まさに宝だと思います。ある意味で、彼らこそが、神の器です。人間の弱さや惨めさを通して、神は御業をなさるお方です。ですからパウロは、自らの弱さを誇る、とさえ言いました。

私たちもそれぞれに弱さを持っています。人に言えない悲しみや痛みもあるでしょう。しかしそれらは、神にあっては決して無意味ではありません。むしろその弱さを通して、神は御自身の業をなしてくださるのです。

このようにパウロは、宝は土の器に納められており、それによって、神の力が現されると述べました。続く八節、九節では、その具体的例示を、自らの体験を通して述べています。「わたしたちは、四方から苦しめられても行き詰まらず、途方に暮れても失望せず、虐げられても見捨てられず、打ち倒されても滅ぼされない」。

「四方から苦しめられても」とは、あらゆる仕方で艱難を受けても、ということです。それでもパウロは行き詰まることはありませんでした。「途方に暮れる」、つまり、困憊しても、困憊しきって絶望することはありませんでした。「虐げられる」、すなわち迫害されても神から見捨てられることはなく、「打ち倒される」、すなわち暴力を受けるようなことがあっても、殺されることはありませんでした。

パウロはいつも、艱難と苦しみと自らの弱さの中にありました。しかしその中で、神の力が常に働き、それによって守られてきました。まさに「苦しめられても行き詰まらず、途方に暮れても失望せず、虐げられても見捨てられず、打ち倒されても滅ぼされ」なかったのです。

パウロはそのような自らの歩みを一〇節で「わたしたちは、いつもイエスの死を体にまとっています」と表現しています。「イエスの死を体にまとう」とは、イエスの死を負っている、運んでいる、ということです。

パウロは自分の苦難を、主イエスのためと考えていました。ですから彼は「イエスの死をまとっている」「イエスの死を負っている」と言います。パウロは福音のための苦難、迫害をキリストの死を負うことだと見なしていました。実際に彼は、苦難や迫害のゆえに、いつも死と隣り合わせの生活をしていました。

しかしパウロは一〇節の後半で、それは「イエスの命がこの体に現れるため」だと言っています。パウロは自らの苦難を、イエスの命が現れるためだと理解していました。彼は自らの苦難を通して、彼の身によって主イエスの復活の命が明らかにされると理解していたのです。

続く一一節は一〇節をさらに説明したものです。

「わたしたちは生きている間、絶えずイエスのために死にさらされています、死ぬはずのこの身にイエスの命が現れるために」。

「わたしたちは生きている間、絶えずイエスのために死にさらされています」とパウロは言います。絶えず苦難に遭い、迫害にさらされていたということです。死に直面していたということです。自分の力ではどうすることもできない状況に曝され続けたということです。

それによってパウロは、自分の力を頼りにして生きること、自分の肉の力で生きることができなくなりました。いつも自分の弱さ、惨めさの中に置かれたのです。およそ自分を誇ることができない中に置かれました。

しかしそのことによって、一一節後半にあるように「死ぬはずのこの身にイエスの命が現れた」のです。生来の自分、肉と呼ばれる古い人に死ぬ時に、キリストの復活の命が、その人を通して現れるのです。

人間は、事が順調に運んでいる時は、どうしても自分を誇ることになりがちです。自分の力を誇りたくなる、肉を誇りたくなるのです。物事が順調に進んだのは、自分の能力の成果だと言いたくなる。しかし、物事が順調で、自分を誇るような思いがある時には、その人を通してキリストの命が現れることはありません。

私たちを通してキリストの命が現されるのは、むしろ、私たちが苦難と、惨めさと、弱さの中に置かれている時です。なぜなら、その時には、私たちは自らの肉を誇ったり、自分の力を頼りにすることができないからです。

もちろん苦難そのものが尊い、弱さや惨めさそのものが尊いわけでありません。物事が順調であることや、成功が悪いということではありません。問題は、神の御前における人間のあり方です。自分の力を頼り、自己を誇ることが問題なのです。

パウロはここで「死ぬはずのこの身にイエスの命が現れるため」と言っています。私たちは、死に値する存在です。罪のゆえに、神の前には何ら誇るところのない者たちです。そのことが本当に分かる時、つまり、自分の罪深さ、弱さ、惨めさを痛感する時、その時こそ、主イエスはその人を通して御自身の復活の命を現してくださるのです。

最後に一二節を見ておきますが、この節は、これまでの議論の一つのまとめと言えるでしょう。「こうして、わたしたちの内には死が働き、あなたがたの内には命が働いていることになります」。パウロは使徒として働く中で、数々の苦しみを身に受け、まさに主イエスの死を身に負う生活をしていました。パウロたちの生活は死と隣り合わせであり、まさに「わたしたちの内には死が働き」と言える状況でした。

しかしパウロは、そのことによって「あなたがたの内には命が働いている」と言います。パウロたちの死に瀕するような苦難は、コリントの信徒たちの救いのため、また多くの人々の救いのためでありました。パウロたちの死の危険を伴う伝道の結果、多くの人たちが、キリストの復活の命にあずかることができたのです。

パウロの苦難によって、命をもたらす福音が宣べ伝えられていき、それを信じる者にキリストの命がもたらされました。まさに「こうして、わたしたちの内には死が働き、あなたがたの内には命が働いていることに」なりました。

パウロの苦しみや弱さは、彼の使徒としての働きの障害にはなりませんでした。常識的に考えれば、迫害があることとや、パウロが負っていたであろう病は、宣教の妨げになるように思われます。宣教にとってマイナスの要因だと考えられます。しかし実際はそれが、マイナスになりませんでした。むしろそれが、プラスに働いたとさえ言えます。

今日の聖書箇所は、私たちの弱さや苦難と「神の栄光」との関係を問うているものだと言えます。私たちの弱さや苦難と「神の栄光」は対立するのでしょうか。対立しません。苦難に遭い、弱く惨めな者が福音を語れば、神の栄光を傷つけることになるのでしょうか。なりません。

パウロによれば、むしろ、私たちの苦難と神の栄光は、分かちがたく結び付いています。パウロは、自分の弱さ、惨めさ、苦しみ、それらを通して、キリストの業がなされると信じていました。弱さと惨めさの中にある私たちの体を通して、イエスの命は現れるのです。死ぬはずのこの身にイエスの命が現れるのです。

キリストの福音による命が溢れるのは、この世的な華やかさや、この世的な力を通してではありません。人間的な成功によって、キリストの福音が証しされるのではありません。むしろ、私たちの弱さや惨めさ、そして苦難を通して、イエス・キリストは証しされていくのです。

私たちの教会も、弱い者の集まりです。この世的に考えれば、何の力もない集団でしょう。弱さや欠点なら、すぐにいくつでも挙げられるかもしれません。強さや長所を数えるのは容易くないかもしれません。見えるところから判断すれば、心配なこと、不安なことがいっぱいあるでしょう。

しかし、教会にとってはそういうことが、本質的な問題にはなりません。私たちはいずれも、弱く、脆く、無価値な「土の器」です。ですから土の器自身に期待するのは愚かなことです。

私たちの希望は、その土の器に神が宝を納めておられることにあります。その神の宝である福音に力があり、私たちはただその福音の力によって、用いられるのです。

器が問題なのではなく、その器を用いてくださる方が問題です。私たちにとって本質的に大切なのは、こんな器をも用いてくださる神に信頼することです。自分が自分のことをどんなに惨めに思ったとしても、神が用いてくださる時に、私たちを通してイエス・キリストの命が現れます。イエス・キリストの復活の命が証しされるのです。

ですから、私たち一人一人が弱く惨めで、また教会が弱くても、問題ではありません。神はむしろ弱い私たちを通して、働いてくださいます。私たちを通して、偉大な神の力を証ししてくださいます。そこに私たちの確かな希望があるのです。

四章一三―一五節

信じ、そして語る

「わたしは信じた。それで、わたしは語った」と書いてあるとおり、それと同じ信仰の霊を持っているので、わたしたちも信じ、それだからこそ語ってもいます。主イエスを復活させた神が、イエスと共にわたしたちをも復活させ、あなたがたと一緒に御前に立たせてくださると、わたしたちは知っています。すべてこれらのことは、あなたがたのためであり、多くの人々が豊かに恵みを受け、感謝の念に満ちて神に栄光を帰すようになるためです。

七節でパウロは自らのことを土の器と述べました。土の器は壊れやすく、それ自体には何の価値もありません。しかし神は、そうした土の器に真の宝である福音を納めてくださいました。神がそのような方法を採られたのは、神の力が本当に神の力として明らかになるためです。つまり、人間の弱さや惨めさが、神の力を明らかにするのに用いられるのです。

神の恵みと力は、このように私たちの弱さの内に働きます。パウロが一二章で語るように、私たちは弱いときにこそ強いと言えます。それがイエス・キリストを信じる信仰の、一つの大きな特徴だと言えます。

そのような信仰に生かされていたパウロは、その信仰について一三節でこう語っています。

「『わたしは信じた。それで、わたしは語った』と書いてあるとおり、それと同じ信仰の霊を持っているので、わたしたちも信じ、それだからこそ語ってもいます」。

「わたしは信じた。それで、わたしは語った」は、旧約聖書詩編からの引用です。パウロは七〇人訳と呼ばれるギリシア語訳の旧約聖書一一五編一節から引用しています（ヘブライ語のテキストでは一一六・一〇）。

パウロが言いたいのは、弱さというものが働きの障害になるどころか、かえってプラスに働くという、そういう信仰は、旧約聖書の詩編作者の信仰と同じであるということです。旧約時代の真の信仰と、同じ信仰に自分は生きている。詩編作者に働きかけた「同じ霊」の働きによって、今の自分も生きていると言うのです。

ではその信仰とは、どういう性質を持つものなのでしょうか。「わたしは信じた。それで、わたしは語った」とあるように、その信仰とは、信じることと語ることが切り離されない信仰です。真の神を信じる信仰は、その神を告白すること、語ることと切り離されないものです。

もしも、信じることと、それを語ることが切り離されているとしたら、それはどこかがおかしいと言えます。イエス・キリストを信じているけれどもそれを語らない、自らがキリスト者であることを隠しているとしたら、それは健全ではありません。

私たちにとって信仰とは何なのでしょうか。それはただ単に、神のことを信じていることではありません。たとえば、礼拝の中で、教会の信仰告白であるウェストミンスター小教理問答を交読していますが、このウェストミンスター小教理問答の内容を理解している、それに同意しているということが、信仰のすべてではありません。もちろん教理の理解と、それに対する同意は大切です。それは信仰の不可欠の一部です。しかしそれが信仰のすべてではありません。

私たちにとって信仰とは、自分の救いのことです。根本にはそれがあります。それがなければなりません。プロテスタントの確信は、信仰義認ですが、信仰のみによって義とされる、救われるということです。

すなわち、私たちが神を信じるというのは、自分が信仰によって救われていること、神の恵みによって救われていることと一つです。罪人である自分の救いということが、私たちの信仰の中心です。何か神についての知識を理解して、納得したということではありません。自らの救い、滅びからの救いがその中心です。

ですから、信仰は私たちにとって一番大切なのです。そして私たちが、そういう意味で神を信じているならば、語らざるを得ないのです。なぜならば、そこには救われた喜びと熱い感謝があるからです。

パウロが苦難の中で福音を語り続けたのは、何より彼自身が、イエス・キリストによって救われた体験を持っていたからです。救いの喜びと神への感謝があったからです。イエス・キリストの福音が、唯一の救いの福音であると信じ、確信していたから、彼はそれを説いて回ったのです。

もしそれがあいまいな希望であったならば、語れなかったでしょう。なぜなら、彼は福音を語ることで自らに苦難を招いていたからです。それどころか、福音を聞いて信じた人々をも、苦難に招く危険性がありました。この世的に言えば、人々を不幸に招く危険性さえありました。

しかしそれでもパウロは語り続けました。それは、イエス・キリストの福音にしか本当の救い、本当の希望はないと確信していたからです。すべての人に福音が必要であると確信していたからです。信仰にとって一番大切なのは、何より自分の救いです。そこがはっきりしているところから、すべては始まります。逆に言えば、そこがはっきりしていなければ何も始まりません。漠然と神についての知識や、聖書の知識、教理が分かるということではなくて、イエス・キリストが自分を救ってくださったということが分かること、それがなければ、本当の信仰とは言えません。

パウロであれ、旧約の信仰者であれ、福音を語る力は、神の救いから来ました。私が救われたという確信から来たのです。パウロは偉大な伝道者です。キリスト教の形成に決定的な影響を与えた人です。苦難の中で熱心に語り続けた人です。

その力はどこから来たのでしょうか。それは決して彼の学識から来たのでも、生来の性格から来たのでもありません。彼自身が神によって救われたことから来ていました。それは旧約の信仰者も、また私たちも同じです。

「『わたしは信じた。それで、わたしは語った』と書いてあるとおり、それと同じ信仰の霊を持っているので、わたしたちも信じ、それだからこそ語ってもいます」。

「信じ、それだからこそ語る」とパウロは言います。パウロにとって「信じた」というのは、信仰によって救われた、ということでした。罪と死から救われたのです。新しく生きる者となったのです。それだから「わたしは語る」とパウロは言うのです。

こういう信仰であるならば、信仰は心の問題であって、心に思っていれば十分だという理屈は成り立ちません。パウロはローマの信徒への手紙一〇章九節で言っています。「実に、人は心で信じて義とされ、口で公に言い表して救われるのです」。心で信じていることと、口で告白することが決して切り離されないことを、明確に教えている御言葉です。イエス・キリストを信じていると口で言い表すことは、人々に自分をさらすことでもあります。それに関心を持ってくれる人がいるかもしれませんが、逆に嘲られたり、見下されたり、誤解されたりすることもあるかもしれません。ですから勇気がいる場合もあるでしょう。しかしだからといって、自分が見下されるのが嫌で口を閉じるのではいけません。主イエス御自身も言われました。「人々の前でわたしを知らないと言う者は、わたしも天の父の前で、その人を知らないと言う」（マタイ一〇・三三）。

主イエス・キリストは、私たちの救いのために、御自身のすべてを、命さえ捧げてくださいました。その主イエス・キリストのゆえに、私たちは救われました。ではそのイエス・キリストにどのようにお応えするのでしょうか。すべてを捧げられた主に対して、半身で答えることはできないはずです。「わたしは信じた。それで、わたしは語った」。信じることと、それを告白して生きることが、一つになる歩みしかありません。主イエス御自身が、そのことを私たちに求めておられるのです。

ではその信仰の中心的内容とは何なのでしょうか。パウロは一四節でこう述べています。「主イエスを復活させた神が、イエスと共にわたしたちをも復活させ、あなたがたと一緒に御前に立たせてくださると、わたしたちは知っています」。

信仰の中心は、イエス・キリストの復活です。真の神は主イエスを復活させた神であられるということ、そしてその神が私たちをも甦らせてくださるということ。それが私たちの信仰の中心内容です。イエス・キリストの復活こそ、信仰の中心です。しかしそれは、キリスト教の最大のつまずきでもあります。パウロがアテネで伝道した様子が使徒言行録一七章に記されていますが、パウロの話がやや哲学的である時は、人々は関心をもって聞いていましたが、彼が死者の復活ついて語ると、ある者たちは嘲り、また別の者たちは立ち去っていきました。

この出来事が典型的に現しているように、イエス・キリストの復活は、この世の知恵からすれば決して受け入れられないものです。イエス・キリストの語った知恵の言葉や、倫理的な教えであるならば、この世の多くの人たちも抵抗なく受け入れることでしょう。歓迎もされるでしょう。しかし、復活はそうではありません。しかし信仰の中心はイエス・キリストの復活なのです。

ということは、宣教において語られることは、普通の人が信仰について聞きたいと思っていることとずいぶん違うということです。一般の人は、宗教に対して、人生の悩みの解決やあるいは何らかのご利益を求めているのかもしれません。しかし教会は、あくまでイエス・キリストの十字架と復活を語ります。そしてその光の中で、自分の人生を、また人生の諸問題を見つめるように導くのです。

イエス・キリストの十字架と復活は、人間の根本問題に対する唯一の解決です。それが聖書の主張であり、私たちの確信です。しかし人々は通常、そこまで心が及ばず、当面の問題に追われているのかもしれません。何が人間の根本問題であるかも分からずに、生きているのかもしれません。しかし福音は、人間の根本問題を問います。それが罪です。そしてそれに対する根本的解決を与えるのです。

ですから、宣教の言葉と一般の人たちの関心は、しばしばかみ合いません。それはパウロの時代もそうでした。いつの時代も、人間は地上の生活の悩みに心を奪われていました。

しかし使徒たちは、あくまでイエス・キリストの十字架と復活を語りました。あくまで罪からの救いを語りました。なぜならそこにしか、人間にとって本当の救いはないと確信していたからです。またこの世の悩みや苦しみにある人々にも、結局、その福音こそが益になると信じていたからです。

「主イエスを復活させた神が、イエスと共にわたしたちをも復活させ、あなたがたと一緒に御前に立たせてくださる」。

「イエスと共に」とありますように、私たちはイエス・キリストに結合し、イエス・キリストに結び付いているがゆえに、イエスと共に復活できます。イエス・キリストの復活と、イエスを信じる者の復活は切り離されません。主イエスの復活こそが、私たちの復活の保証です。

そして「あなたがたと一緒に御前に立たせてくださる」とあるように、復活した者たちは神の御前に立つことになります。それは裁かれるためではありません。神の御前に「聖なる者、きずのない者、とがめるところのない者」(コロサイ一・二二)として受け入れられ、永遠の祝福に入るのです。つまり、復活にあずかる者は、永遠の救いに至ります。死の後、神の御前に恐れなく立つことができるのです。

言うまでもなく死は、人間の最大の問題です。この世でどんなに幸いな生活を送っていても、死によってそれは失われます。ですから、死の問題の解決なくして、人間の問題の解決はありません。そして死の問題の解決は、死に対する勝利しかありません。死からの甦りしかありません。

イエス・キリストは甦りの主です。そしてイエス・キリストを信じる者は、主イエスと共に甦り、復活することができます。イエス・キリストしか死に勝利されて復活された方はありません。ですから、イエス・キリストにしか本当の救いはないのです。

最後の一五節に進みますが、この節は非常に翻訳、また解釈が難しい箇所です。まず一五節前半に「すべてこれらのことは、あなたがたのためであり」とあります。新共同訳の訳し方ですと、「これらすべてのこと」というのは、これまでパウロが述べてきたことすべて、という意味に読めます。あるいは、これまで述べられてきたパウロの働きの全体という意味に取ることもできるでしょう。つまり、パウロの働きはすべて、あなたがたのため、つまり、コリントの信徒たちのためであった、ということです。

この解釈も十分に成り立ちますが、直訳すれば「一切は、あなたがたのためである」となります。つまり、「パウロのすべての働き」という意味ではなくて、もっと漠然と「いっさいのこと」「あらゆること」という意味にも読めます。そしてそう読むとしたら、すべてのことはあなたがたのためだ、すべてはあなたがたの益になるのだ、という意味に解することができるのです。

パウロはその直前で、信仰者が主イエスの復活にあずかることができる、と語りました。その信仰者に対する神の取り扱いは、万事を働かせて益とするという仕方です。私たちの経験のすべて、楽しいことも、悲しいことも、心配なことも、不幸なことさえも、そのすべてが、私たちの益となる。神がそうしてくださる。キリストを信じる者には神がそのように働いてくださる。そのような神の保証があります。

一五節の後半ですが、そのような神のご支配の中で起こることが記されています。一つは、「多くの人たちが豊かな恵みを受ける」ことです。直訳すれば「より多くの人々によって恵みが増えていく」となります。これは、キリストを信じて恵みを受ける人たちが増えていくという面もあるでしょう。しかし恵みが増えるのは、信じる人が増えるということだけではありません。一人一人にとってもそれは当てはまります。

キリストを信じる者にとって、恵みが減っていくということはありません。表面的には、外的にはそう見えることがあるかもしれません。しかし、すべてのことはあなたがたの益となるのですから、恵みが減ることはありません。

一五節の最後の部分ですが、新共同訳は「多くの人々」を主語として、「〔彼らが〕感謝の念に満ちて神に栄光を帰すようになるためです」と訳しています。しかし、これは意訳です。実はここの部分の主語は、「恵み」です。直訳すれば「その恵みが感謝を増やし、神の栄光に至るため」となります。

私たちの感謝はどこから生まれるのでしょうか。それは神の恵みからです。神の恵みを味わい知るところで、感謝が生まれる、感謝が増していきます。感謝が足りない人は、それだけ神の恵みをよく味わっていないということでしょう。感謝は恵みから生まれるのです。

そして神の恵みが、私たちを神の栄光に至らせます。新共同訳は「神に栄光を帰すようになるため」と訳していますが、ここは人間が「神に栄光を帰す」ということではなくて、神の恵みがキリスト者を神の栄光に至らせるということです。つまりここで言われているのは、永遠の栄光という最後のゴールのことです。神の恵みは最後には、私たちをどこに導くのか。永遠の栄光、神の栄光に導くのです。永遠の御国の栄光に導くのです。

イエス・キリストの福音とはどんなものであるかが、今日の御言葉で明確に語られていました。その中心は、イエス・キリストの復活であり、キリスト者はそのイエス・キリストと共に復活します。しかし神の恵みは、そこだけに働くのではありません。神の恵みの支配は、すべてのことが益になるようにキリスト者に働きます。「すべてのことは、あなたがたのためになる」のです。

そして神の恵みは、私たちの感謝を増し、さらには最後のゴールとして、私たちを栄光の御国に至らせてくださいます。ですから、私たちはこの最終目標を決して見失ってはなりません。神の恵みは、私たちを一時的な喜びではなく、永遠の栄光に至らせるものなのです。

私たちの信仰とはそういうものです。私たちはイエス・キリストによって罪を赦され、神の子とされ、恵みの支配の中に生活し、そして、神の恵みによって栄光に迎え入れられます。これが私たちの信仰による祝福です。それをどうして、恥じることができるでしょうか。また、語らないでいられるでしょうか。

「わたしは信じた。それでわたしは語った」。

私たちも、この信仰に生きる必要があります。イエス・キリストを告白し、伝える信仰に生きるように、私たちは召されているのです。

四章一六―一八節

見えないものに目を注ぐ

だから、わたしたちは落胆しません。たとえわたしたちの「外なる人」は衰えていくとしても、わたしたちの「内なる人」は日々新たにされていきます。わたしたちの一時の軽い艱難は、比べものにならないほど重みのある永遠の栄光をもたらしてくれます。わたしたちは見えるものではなく、見えないものに目を注ぎます。見えるものは過ぎ去りますが、見えないものは永遠に存続するからです。

「だから、わたしたちは落胆しません」。パウロはそう語ります。とても印象的なパウロの言葉です。「落胆する」と訳されている言葉は、「疲れる、失望する、たゆむ」などの意味を持ちます。パウロは、疲れない、失望しない、たゆむことはない、と言います。

それはなぜなのでしょうか。なぜパウロは落胆しないのでしょうか。落胆しない人生の秘密とはいったい何なのでしょうか。

一六節の冒頭には「だから」とありますから、その秘密はその前に書かれていることになります。この「だから」は四章の七節から一五節を受けているように思えますが、直接的には直前の一四節、一五節を受けていると考えられます。そこには、キリスト教信仰の中心は何であり、それを信じるキリスト者の祝福とはどのようなものであるかが記されていました。

キリスト教信仰の中心は、一四節に記されているように、主イエス・キリストの復活です。イエス・キリストの十字架と復活、それが信仰の中心です。この中心がなければ、キリスト教はキリスト教ではない、と言っても言いすぎではありません。

イエス・キリストの十字架と復活が、私たちの罪の赦しのためであり、私たちの救いの根拠であること、それが聖書の福音の中心です。そのことを抜きにして、キリスト教を語ることはできません。

パウロは一四節で「主イエスを復活させた神が、イエスと共にわたしたちをも復活させ、あなたがたと一緒に御前に立たせてくださると、わたしたちは知っています」と述べています。

主イエスを復活させた神が、主イエスと共に、そして主イエスのゆえに、私たちをも復活させてくださいます。主イエスが死に勝利されたように、キリストを信じ、キリストに結び付いている私たちも死に勝利できるのです。

そして「神の御前に立つ」ことになります。それは裁かれるためではなく、受け入れられて、永遠の命に至るためです。キリスト者には死に対する勝利が約束されているのです。

そのキリスト者に対して神が与えてくださる祝福が一五節に記されていました。一つは、「すべてのことが益になる」ということです。この部分はローマの信徒への手紙八章二八節と同じ意味にとることができます。ローマ書八章二八節にはこうあります。

「神を愛する者たち、つまり、御計画に従って召された者たちには、万事が益となるように共に働くということを、わたしたちは知っています」。

私たちの誰もが、心に覚えておいたら良いすばらしい御言葉です。そのすばらしい約束が、キリスト者には与えられています。

第二の祝福は、恵みが豊かになる、増えていく、ということです。一五節の「多くの人々が豊かに恵みを受け」と記されている部分は、キリスト者の数が増えて、神の恵みを受ける人たちが増えるという意味もありますが、それだけではなくて、一人一人にとっても、神の恵みは減ることがない。むしろ増えていくのです。

第三の祝福は、その神の恵みは、感謝を増やし、そして私たちを神の栄光に至らせることです。神の恵みが私たちキリスト者を、神の栄光、永遠の栄光に導きます。永遠の御国の栄光に導くのです。

このようにキリスト者には、キリストと共に復活して死に勝利することが約束され、地上においても万事が益となるという祝福が約束されています。恵みが増え、感謝が増す。そして神の恵みは最終的に私たちを永遠の神の栄光に導いてくださるのです。

この世の生活においても、死の後も、溢れるばかりの祝福が約束されている。それがキリスト者です。ですからそれを受けて、パウロは一六節で「だから、わたしたちは落胆しません」と言っているのです。

空元気でそう言っているのではありません。根拠もなく、そう言っているのではありません。落胆しない根拠があります。キリスト者に与えられている約束は、決して私たちを落胆させないものです。もちろん、一時的な落胆や、元気を失うことはあるでしょう。失望もあるでしょう。しかし絶望することはありません。必ず復元してきます。キリスト者には復元力があります。これだけの希望が与えられているのですから、復元してこないはずはありません。

偉大な伝道者であるパウロだから落胆しないのではありません。偉大な信仰者であるから落胆しないのではありません。キリスト者に与えられている祝福が豊かであり、確かであるから、落胆しないのです。

「落胆しない」という部分を、ある神学者は「さぼることをしない」と訳していました。即物的な訳ですが、要するに、力を失って、生活が崩れてしまうことはない。与えられた任務を全うできなくなってしまうことはない、ということです。

「落胆しない」というのは、いたずらに元気になれるという意味ではありません。むしろ、崩れないということです。自分の務めを担って、これを貫いて生きることができるということなのです。

ではその「落胆しない生き方」の秘密はどこにあるのでしょうか。なぜ落胆しないかを、パウロは一六節後半からさらに展開していきます。

「たとえわたしたちの『外なる人』は衰えていくとしても、わたしたちの『内なる人』は日々新たにされていきます」。

「外なる人」「内なる人」という表現が出てきました。これについては、さまざまな解釈があります。ギリシア思想的にこれを解釈するならば、「外なる人」とは肉体のこと、「内なる人」とは魂のことと なります。そして肉体は衰えていくけれども魂はそうではなく、いつの日か肉体という牢獄から魂は解放される、と解されます。

しかしこれは、聖書の教えるところではありません。なぜならば、聖書は決して肉体を悪、魂を善、というふうには考えないからです。創世記にあるように、神は人間を肉体あるものとして創造されました。神が創造されたものなのですから、肉体を持つ人間存在全体がもともと良きものでした。魂だけが善というような思想をここに当てはめて読むことはできません。

またこの「外なる人」を、ローマの信徒への手紙六章六節の「古い人」と解釈する人もいますが、それも適当ではありません。六章六節にあるように、古い人はキリストと共に十字架につけられました。古い人の死は、キリストによる救いに関わる恵みの出来事です。しかしここでパウロが語る「外なる人の衰え」は、決して恵みの出来事として語られているのではありません。むしろ、避けがたい悲しみとして語られています。

カルヴァンはこの「外なる人」を説明して「現世に属する一切のこと」と言っています。それが妥当な解釈だと言えます。私たちはこの世に生かされている者として、この世の多くのものを与えられています。それは神の恵みによることです。しかしそれらは、現世に属するものとして、いずれ失われていきます。

たとえば、健康もそうです。肉体そのものは悪ではありません。しかし、私たちの肉体は地上的なものであり、いずれ衰え、健康も失われていきます。富もそうです。それ自体は悪ではありません。神が必要に応じて与えてくださるものです。しかしそれが、現世だけのものであることは言うまでもありません。

また、地位や名誉もそうです。この世でそれらを拠り所としていても、それはあくまでこの世でしか通用しません。さらに自分の才能もそうです。それも衰えていきます。また、人間関係、交友関係もそうです。それらも、やはり現世のことであり、失われていきます。

そうした現世に属する一切のことは、失われていき、朽ち果てていきます。それがまさに「外なる人は衰えていく」で、表現されていることだと言えるでしょう。

この世で、自分が拠り所としていたものが失われる。その一切が意味を失っていく。この世で自分が誇りとしていたものが失われていく。それが私たち人間の現実なのです。

カルヴァンはここでおもしろい表現をしています。「悪人にとっても、外なる人は滅びる。しかし、それを補うことはできない。しかし、神の子たちにとっては、その衰えは、新しく生まれることの始まりであり、原因である」。

「外なる人が衰えていくこと」、つまり現世に属するものが失われていくことは、すべての人に共通します。誰であれ、健康も、富も、名誉も地位も、能力も人間関係も、最後には失われていきます。悲しいことですが、それが人間の現実です。

しかし神の子たちにとっては、それだけはありません。カルヴァンは「その衰えは、新しく生まれることの始まりであり、原因である」と言いました。衰えるだけではなくて、新しく生まれるという事態がそこで始まっています。パウロはそれを「わたしたちの『内なる人』は日々新たにされていきます」と表現しているのです。

ではこの「内なる人」とは何を意味しているのでしょうか。それは一言で言えば、神が新しく造ってくださった新しい人のことだと言えます。キリストにある新しい人。その新しい人が、キリスト者の内に宿っています。単に宿っているだけではなくて、日々に新たにされています。

パウロはその内なる人のことを、ガラテヤの信徒への手紙の中でこう記しました。「生きているのは、もはやわたしではありません。キリストがわたしの内に生きておられるのです」（二・二〇）。

また同じ手紙の四章一九節でこう述べています。「わたしの子供たち、キリストがあなたがたの内に形づくられるまで、わたしは、もう一度あなたがたを産もうと苦しんでいます」。

パウロは、自分の中にキリストが生きていると表現しました。また「あなたがたの内にキリストが形づくられるために苦しんでいる」とも言いました。ここで言い表されている命こそが、「内なる人」だと言えるでしょう。神が新しく造ってくださった人です。新しい人です。この新しい人は、朽ちることも滅びることもありません。

キリストを信じ、キリストと結び付いたことによって生まれた新しい命、新しい人は、霊によって日々新たに成長していきます。コロサイの信徒への手紙三章には「あなたがたの命は、キリストと共に神の内に隠されている」（三節）とあります。内なる人である本当の命は、キリストと共に神の内に隠されているのです。

この命が日々に新たにされています。キリスト者である私たちの内には、この命が宿っています。内なる人が宿っています。内的に新たにされるというのは、何か精神的に成長するということではありません。キリストの力と命によって、常に新しい命を受け取っていくということです。何か精神的な訓練によって立派になるということではありません。自分の努力や力によるのではなく、キリストの力によって、日々に新しくなるのです。

ここで大切なのは、私たちの真の自己とはこの「内なる人」であるということです。「外なる人」が真の自己ではありません。私たちの現在の姿は、「外なる人」として現れ、人々に映っています。容姿も、地位も、名誉も、才能も、人間関係もそうです。そういうものとして、人々の目に映っています。しかしそれらは「外なる人」であって、いずれ衰えます。いずれ失われ、消え去ります。

その消え去るものが「真の自己」ではありません。真の自己は、朽ちることも滅びることもない「内なる人」です。キリストによる命です。この命は、衰えるどころか、日々に新たになり、この世の死を越えていきます。永遠の世界にまで育ち行くものなのです。

こう述べたパウロは、続いて艱難のことを取り上げています。一七節にはこうあります。「わたしたちの一時の軽い艱難は、比べものにならないほど重みのある永遠の栄光をもたらしてくれます」。

パウロはここで自分たちの受けている艱難を「一時の軽い艱難」と述べています。しかしパウロが受けていた苦難は、決して軽いものではなく、また一時的な、束の間のものではありませんでした。四章一一節には「わたしたちは生きている間、絶えずイエスのために死にさらされています」とあったように、パウロは常に迫害され、死の危険に晒されていました。彼の具体的な苦難については、一一章二三節以下に記されていますが、想像を絶する苦難だと言わざるを得ません。苦しみは常に彼の働きについて回りました。

しかしパウロは自分の苦しみを「一時の軽い艱難」と表現しました。それはなぜなのでしょうか。それは、現在の苦難を将来の栄光と比較したからです。パウロは、将来に備えられている栄光の重さと比較した時、現在の苦難を軽い、束の間のものだと言いました。つまりパウロは、現在の苦難や試練というものを、やがて経験することになる栄光との関係の中で見ていたのです。

現在の苦難はそれ自体では決して軽いものではありませんでした。むしろ通常の人にはおよそ耐えられないほどのものです。しかし、将来の永遠の栄光と比べた時に、その栄光の「重さ」を知った時に、それが「軽い」と言えるものになりました。

このことは、私たちもまた、現在のものを単に現在のものとして見るのではなく、永遠の視点から見ることの大切さを教えています。永遠の視点で今を見つめることの大切さです。パウロは常にその視点で生きていました。ローマの信徒への手紙八章一八節にもこうあります。

「現在の苦しみは、将来わたしたちに現されるはずの栄光に比べると、取るに足りないとわたしは思います」。

またペトロも同じ視点で苦しみを見ていたと言えます。ペトロの手紙一の一章六節、七節にはこうあります。

「今しばらくの間、いろいろな試練に悩まねばならないかもしれませんが、あなたがたの信仰は、その試練によって本物と証明され、火で精錬されながらも朽ちるほかない金よりはるかに尊くて、イエス・キリストが現れるときには、称賛と光栄と誉れとをもたらすのです」。

苦難をいつも永遠の視点で見つめる。それが彼らの生き方でした。そして私たちにも求められている生き方であると言えます。

一七節のパウロの表現は、その永遠の栄光のすばらしさを非常に強調した表現です。「比べものにならないほど重みのある永遠の栄光」とありますが、原文では二重の強調表現が用いられています。翻訳によってはその栄光の重さを「想像を絶する」とか「満ち溢れるばかりに圧倒的に」などと、非常に強い言葉で表しています。

ここで注目しておきたい一つのことは、パウロは、軽い艱難が、重い栄光をもたらしてくれる、と言っていることです。艱難が栄光をもたらしてくれる。艱難が栄光を作り出してくれる。艱難が我々に栄光を得させてくださる、とパウロは言っています。

これはどういう意味なのでしょうか。苦難や艱難の報酬が栄光であるという意味ではもちろんありません。苦しみが功績として栄光につながるという、功績主義ではもちろんありません。しかしパウロは、苦難は必然的に永遠の栄光に結び付くと、ここで言っています。苦難の経験が、将来現される栄光につながるのです。

キリスト御自身が、苦難を経て栄光を受けられました。それと同じように、キリストを信じる者も、苦難を経て栄光を受けます。パウロは基本的にそう考えていました。キリストのゆえの苦しみを避けてはならないということです。フィリピの信徒への手紙の中で語ったように、パウロは「キリストを信じることだけでなく、キリストのために苦しむことも、恵みとして与えられている」と信じていました（一・二九）。キリストのための苦しみは、永遠の栄光につながるのです。

一八節に進みます。落胆しない生き方について一六節、一七節を学んできました。内なる人が日々新たにされているという希望、そして軽い艱難が重い永遠の栄光につながるという約束です。ではそのような希望と約束に生きるには、どうしたらよいのでしょうか。パウロは一八節でこう述べています。

「わたしたちは見えるものではなく、見えないものに目を注ぎます。見えるものは過ぎ去りますが、見えないものは永遠に存続するからです」。

どこに目を注ぐのか。それがその人の生き方を決めます。どこに目を留めているか、それがその人の生き方を定めるのです。パウロは、見えるものではなく、見えないものに目を注ぐと言いました。見えるものとは目に見える現実です。それらは過ぎ去るものです。その過ぎ去るものに目を留めるのは、信仰者の生き方ではありません。

ある説教者が指摘していたことですが、私たちは目に見えるものを求めることが中心の信仰になってはなりません。もし私たちの信仰が、現実的なことばかりを求める信仰であるなら、目に見える効果が現れることばかりを求める信仰であるなら、それはどこかがおかしいと言わなければなりません。

もちろん私たちは現実のことも祈ります。病になれば健康の回復のために祈りますし、受験生が希望の大学に入れるように祈ることは自然なことです。仕事が順調にいくように祈ること、人間関係が回復するように祈ること、それは自然なことです。

しかし現実的なことばかりを求める信仰であるならば、その信仰はどこかがおかしいと言わなければなりません。なぜなら、真の信仰は見えるものに目を注ぐものではないからです。目に見える効果を求めるのが信仰の中心ではありません。

では見えないものを求めるとはどういうことなのでしょうか。見えないもの、それは神御自身であり、霊的真理であり、永遠の命であり、天の御国です。それらは永遠に存続します。ではキリスト者は、そのような見えないものを求めて浮世離れの生活をするのでしょうか。世捨て人になるのでしょうか。そうではありません。

私たちは見えないものを求めることによってのみ、見えるものとふさわしい関係が持てるのです。見えないものに目を注がないならば、結局人は、見えるもののとりことなります。それに支配されてしまいます。

信仰という名前を使っていても、それで見えるものを求めているなら同じことです。その場合は神を見えるものの世界の中に閉じ込めてしまうことになります。その意味で、私たちの信仰は、あまり実際的になってはなりません。目に見えるところの、自分の願望のために、神を動かすことに必死になるのではいけません。

信仰は、見えるものではなく見えないものに目を注ぐものです。目に見える現実の中で、そればかりに目を留めるのではなく、私たちはまなざしを天に上げるのです。どんな時にも、天を仰ぎ、永遠を臨む信仰でなければなりません。

パウロはいわば、見えないものに自分の人生を基礎づけるようにと言っています。それは通常、不合理なことのように思われるかもしれません。見えないものに人生を基礎づけるなど理性的ではないと、笑われるかもしれません。

しかしいずれ事態は逆転するのです。見えるものと見えないものの関係が逆転します。つまり、私たちが今見ているものが過ぎ去って見えなくなり、私たちが今見えていないものが、明らかになります。そしてそれが永遠に続くのです。

ですから私たちは、見えないものを見つめて生きるのです。過ぎ去るもの、失われるものに目を留める生き方は、むなしいものです。しかし、神の約束、永遠の御国、そしてそれを実現してくださるイエス・キリストに目を留める者は、決してむなしく生きることも、失望に終わることもありません。

どこに目を留めて生きるかが、私たちの人生を決めます。イエス・キリストを見つめる者こそ、大いなる確かな祝福が約束されているのです。

五章一—五節

天にある永遠の住みか

わたしたちの地上の住みかである幕屋が滅びても、神によって建物が備えられていることを、わたしたちは知っています。人の手で造られたものではない天にある永遠の住みかです。わたしたちは、天から与えられる住みかを上に着たいと切に願って、この地上の幕屋にあって苦しみもだえています。それを脱いでも、わたしたちは裸のままではおりません。この幕屋に住むわたしたちは重荷を負ってうめいておりますが、それは、地上の住みかを脱ぎ捨てたいからではありません。死ぬはずのものが命に飲み込まれてしまうために、天から与えられる住みかを上に着たいからです。わたしたちを、このようになるのにふさわしい者としてくださったのは、神です。神は、その保証として〝霊〟を与えてくださったのです。

コリントの信徒への手紙二の第五章に入りますが、新共同訳聖書についている小見出しからも分かりますように、この部分は四章一六節からの議論の続きです。パウロはそこで、「外なる人」と「内なる人」、「過ぎ行く現在のもの」と「永遠のもの」を対比し、「内なる人」および「永遠のもの」に目を留めるようにと述べました。そして一八節で、「わたしたちは見えるものではなく、見えないものに目を注ぎます。見えるものは過ぎ去りますが、見えないものは永遠に存続するからです」と述べたのです。

この議論が五章の一節から一〇節でさらに展開されます。パウロは「見えないものに目を注ぐ」と言いました。では「見えないものに目を注ぐ」とは、どういうことでしょうか。五章一節にはこうあります。

「わたしたちの地上の住みかである幕屋が滅びても、神によって建物が備えられていることを、わたしたちは知っています。人の手で造られたものではない天にある永遠の住みかです」。

パウロはここで「わたしたちの地上の住みかである幕屋が滅びた」後のことに、目を注いでいることが分かります。「わたしたちの地上の住みかである幕屋」とは、私たち人間のこの世における存在のあり方のことです。端的に言えば、肉体を持っている存在のあり方のことです。

それが「滅びた」というのは、死のことを意味しています。身体をもってこの地上を生きた後のこと、そこにパウロは目を注いでいました。私たち人間が死んだ後に備えられているものに、彼は目を留めていたのです。

死んだ後の世界は、私たちにとっては見えない世界であり、誰も見てきた人のいない世界です。しかしパウロは、そこに目を注ぎ、そこに備えられているものを確信して生きていました。それがパウロの信仰でした。

見えるものばかりに目を注ぐのは、聖書の教える信仰ではありません。信仰という名で、現実のことばかりを考えているというのではいけません。ある意味でやはりキリスト教信仰というのは、「死の先を見るもの」だと言えます。死の先ではなく、死の手前のこの世のことばかりが関心事になってはいけません。

パウロは「地上の住みかである幕屋」という表現をここで使いました。私たちは幕屋の生活をしている者たちです。幕屋というのは、要するにテントのことです。地上の歩みは、テント暮らしのようなものだとパウロは言います。

テントは弱くてもろいものです。ほころびがあれば、あちらこちらつくろいながら、生きるしかありません。それが私たちの生活です。またテントは、しばらくの間住むためのものです。テント暮らしというのは、一時的にそこにいるということです。パウロは、この世における私たちの人生は、そういうものだと言います。

言葉を換えて言えば、旅人として生きるということです。根を下ろしすぎて、動くことができないようになってはなりません。私たちキリスト者は、この世界は神が造られ、神がご支配されているのを知っていますから、この世界というものを軽視しません。そこで生きることを軽視しません。それを重視します。この世で、神のしもべとして、神の栄光を現すように生きることを大切にします。

しかしその一方で、私たちは自分たちがテント暮らしであることを忘れてはいけません。責任を持って世に関わるのですが、しかし世に根を下ろしすぎてはなりません。この世のことに、捉われてしまってはなりません。見えるものではなく、やはり見えないものに目を向ける必要があるのです。

私たちはいったい何に、心を躍らせて生きているのでしょうか。この世のことで、心を躍らせていることはないでしょうか。一節でパウロが言っているような「神によって備えられている建物」に期待して、心を躍らせているでしょうか。天にある永遠の住みかを、心底期待して生きているのでしょうか。

ある説教者は、「信仰生活とは永遠を思う生活である。永遠なものによる生活である。しかし信仰生活のこの面が、今日忘れられがちではないか」と述べていました。信仰生活と言いながら、目先のことだけを考えているのではいけません。信仰は、過ぎ行くことや目の前のことばかりに心を奪われずに、「過ぎ行くことのないもの」を求める生活なのです。

この五章一節から一〇節は、人間の死後のこと、また復活のことについて教えている部分です。パウロはすでにコリントの信徒への手紙一の一五章で復活についての教えを説きました。ですからコリントの信徒たちは、先の手紙によって、復活についてすでに知る者となりました。パウロはそれを前提に、さらに復活についての教えを述べていると言えます。とりわけ、復活を待ち望む自分自身の態度を、彼らに対する一つの模範として描いています。

一節には、私たちキリスト者には、死後、「神によって建物が備えられており」、それは「人の手で造られたものではない天にある永遠の住みか」であることが記されています。実はこの部分に関して、さまざまな解釈がありますが、有力な説は二つです。

一つは、これはキリスト者が死んだすぐ後のことについて書かれているとする解釈です。キリスト者には復活の体が与えられることが約束されていますが、それはイエス・キリストの再臨の時に実現します。

つまり、キリスト者は死んですぐに復活の体が与えられるわけではありません。キリストの再臨を待ちます。けれども待つと言っても、死んだ後の魂は、無意識状態に沈むのではありません。眠るのではありません。直ちに栄光に入り、主の祝福の内に置かれます。そして復活の体が与えられるキリストの再臨の時を待つのです。

第一の解釈は、この一節は死んだ後、キリストの再臨を待つために、直ちに入る祝福の場所について教えているとするものです。それがこの「神による建物」「天にある永遠の住みか」であるという理解です。

この理解も十分成り立つと思います。しかし文脈から考えれば、もう一つの解釈の方がより適切だと思います。それは、この「天にある永遠の住みか」は、復活の体そのものを指しているという解釈です。

「住みか」と聞きますと、場所のことのように思えるわけですが、一節以下を見ていきますと、「住みかを上に着る」という表現が出てきます。その議論の流れから考えれば、これはやはりキリストの再臨の時に与えられる「復活の体」を指していると考えるのが妥当です。

つまり、私たち人間は、この地上では「地上の住みかである幕屋」という存在のあり方をしています。それは地上的な肉体を持った、体を持った存在ということです。しかし死んだ後、新しい存在のあり方が与えられます。それが復活の体です。しかしそれは、死後すぐに与えられるのではありません。キリストの再臨の時に与えられます。もちろんその時までも、死んだキリスト者は栄光の中にありますが、なお待ち望むのです。

その復活の体こそ「人の手で造られたものではない天にある永遠の住みか」です。「人の手で造られたものではない」とは、人間が作ったもののように朽ちることはないということです。その体は永遠性を持ちます。

一節前半の「神によって建物が備えられている」という部分は、直訳すれば「私たちは神からの建物を持っている」と訳せます。「神からの建物を持っている」。これは未来の確実性を現す表現です。キリスト者である私たちには、将来与えられる復活の体があるのです。永遠に生きることができる体が与えられるのです。

このように一節には、私たち人間の「この世での存在のあり方」と「将来の存在のあり方」の対比があります。ではその将来の祝福が約束されているキリスト者は、この世では、どのように生きるのでしょうか。二節にはこうあります。

「わたしたちは、天から与えられる住みかを上に着たいと切に願って、この地上の幕屋にあって苦しみもだえています」

「この地上の幕屋にあって苦しみもだえています」とあるように、この世では苦しみが伴います。肉体を持っている存在のあり方が、この世における私たちの存在のあり方ですが、それには苦しみが伴います。「苦しみもだえている」と訳されている言葉は、原語は一語で、うめく、嘆息するという意味です。苦しみに打ちひしがれてため息をつく。そういうあり方から、逃れることはできません。端的に言えば、この世に生きるということは、ため息をつくようなことなのです。

キリスト者は、地上の体における生においては、ため息が出るような、圧迫と共に生きざるを得ません。その原因には、キリスト者であることによって外から襲ってくる苦しみもあるでしょう。また、体を持っているがゆえの重さに起因する苦しみもあるでしょう。さらにより根源的には、罪に起因する苦しみがあります。キリスト者であってもなお、罪の残滓があり、神に従うことを喜べない性質がありります。神に従って生きようとするとき、これを妨げ、抵抗する性質があります。そういう戦いと苦しみが避けられません。私たちがこの地上に生きるというのは、どこかで「ため息をつくような」そういう事態なのです。

けれどもパウロはここで、その中で、「わたしたちは、天から与えられる住みかを上に着たいと切に願っている」と言います。地上の住みかである幕屋においては、つまり地上の肉体を持つあり方においては、苦しみが避けられないのですが、その中でパウロは、天から与えられる住みかを切望しています。つまり、将来の復活の体を切望していると言います。

パウロはさまざまな苦しみを体験しました。その中で、まさにこの表現にあるとおり「苦しみもだえ」続けました。しかし彼はその中で、苦難に押しつぶされて、それに捉われてしまうのではなく、いよいよ神が約束してくださっていることを切望しました。ここが本当に大切です。

苦難や現実ばかりに心を奪われていてはいけないのです。自分自身の内側ばかりをいたずらに見つめていてはいけないのです。自分自身を見れば見るほど、神の子にふさわしくないと思えてくるでしょう。しかしその中で、神の約束に心を留める必要があります。

自分の側に何か希望を見出そうとするのは、無駄なことです。もちろん、自分を見つめて罪の自覚を持つことは大切です。しかしそこに留まるのではなく、自分の外にある、神の側にある約束にこそいつも目を止める必要があります。そこにしか、私たちの希望はありません。

続く三節は意味が分かりづらい言葉です。

「それを脱いでも、わたしたちは裸のままではおりません」。

実は、ここは翻訳の底本に争いのある箇所で、口語訳聖書はこうなっていました。

「それを着たなら、裸のままではいないことになろう」。

口語訳は「着る」であり、新共同訳は「脱ぐ」です。全く正反対です。聖書の写本がこの二つに分かれているのですが、有力な写本は「着る」ですので、ここは口語訳の方が適切だと思います。

天から与えられる住みかを着ることになるから、私たちは裸のままでいることにはならない。この場合の裸とは、体のない霊魂だけの状態を指します。地上の生涯を終える時、私たちの魂は肉体から離れます。しかし、肉体から離れた霊魂の状態のままでいつまでもいるわけではありません。キリストの復活の時に、新しい体、復活の体を与えられるのであって、裸のままでいるのではありません。

なぜパウロがこのようなことをあえて言っているのかといえば、それはギリシア的な救済理解との違いを明らかにする必要があったからです。何度かお話したように、ギリシア思想では霊魂は善で、肉体は悪です。ですからギリシア思想における救いとは、肉体の牢獄から魂が解放されることです。

しかし聖書の救いはそうではありません。体は悪ではありません。罪のゆえに、確かにこの世においては、体は罪を犯す起点になってしまいますが、本来体も神の造られた良いものです。ですから、救いの完成においては、体を持つというあり方が捨て去られるのではなく、新しい体で生きるのです。そのことをパウロはこの言葉で表していると言えます。

四節では、二節、三節の主張が再び繰り返されています。「この幕屋に住むわたしたちは重荷を負ってうめいておりますが、それは、地上の住みかを脱ぎ捨てたいからではありません。死ぬはずのものが命に飲み込まれてしまうために、天から与えられる住みかを上に着たいからです」。

「この幕屋に住むわたしたちは重荷を負ってうめいている」とあるように、肉体を持って地上に生きる者は、重荷を負ってうめくことが避けられません。しかしパウロは、だから体のない状態に逃げたいと言っているのではありません。「それは、地上の住みかを脱ぎ捨てたいからではありません」とあります。体を持っているあり方を捨てたいのではありません。パウロが切望していたのは「天から与えられる住みかを上に着る」ことでした。新しい体、復活の体を着ることを、パウロは切望していたのです。

パウロはここで「死ぬはずのものが命に飲み込まれてしまうために」と言っています。「死ぬはずのもの」、すなわち古い存在のあり方が、神の国における新しい存在のあり方に飲み込まれてしまう。私たちの肉体が、栄光の体に包まれ、飲み込まれることによって、古いあり方を捨てて、新しいものとなります。

パウロはフィリピの信徒への手紙でこの出来事をこう表現しています。

「キリストは、万物を支配下に置くことさえできる力によって、わたしたちの卑しい体を、御自分の栄光ある体と同じ形に変えてくださるのです」（三・二一）。

私たちに約束されている新しい体、復活の体とは、イエス・キリストの栄光ある体と同じものです。私たちは将来、体のない状態で永遠に生きるのではありません。やはり神が創造してくださった私の体で生きます。

しかしその古い存在のあり方は、新しい命に飲み込まれて、新しい体となります。復活の主イエス・キリストと同じ栄光の体を与えられて、永遠に生きることが約束されているのです。古い体は、死の支配下にありました。しかし新しい体は、死に勝利した体です。死は勝利に飲み込まれました。もはや死に脅かされることはありません。復活の体で、栄光の体で、神と共に永遠に生きることがキリスト者には約束されているのです。

ではその祝福の根拠はどこにあるのでしょうか。パウロは五節で言っています。「わたしたちを、このようになるのにふさわしい者としてくださったのは、神です」。キリスト者に約束されているこのような永遠の祝福は、ただ神によるものです。このようなことが、人間の力によって実現するはずはありません。私たちがその祝福にあずかれるのは、ただ神によります。ただ恵みによります。

これはいかなる意味でも、人間の側の事情によるのではありません。私たちの行いによるのではありません。自分の信仰の熱心によるのでもありません。ただ恵みによります。つまり、ただキリストによります。ただイエス・キリストの十字架と復活によるのです。

では、この約束にあずかることができる保証はどこにあるのでしょうか。五節の後半でパウロはこう言っています。

「神は、その保証として〝霊〟を与えてくださったのです」。

「保証」と訳されている部分の直訳は「手付金」です。契約を締結する際に、後で残りの全額が支払われることを保証する意味で支払われるお金です。御霊はそのような手付金だとパウロは言います。つまり、御霊が与えられている者は、必ず、ここに記されている将来の栄光の約束にあずかることができます。イエス・キリストと同じ栄光の体を与えられて、永遠に祝福の内に生きることができるのです。

では、自らの内に御霊が与えられていることをどうしたら知ることができるのでしょうか。コリントの信徒への手紙一はこう教えています。

「ここであなたがたに言っておきたい。神の霊によって語る人は、だれも『イエスは神から見捨てられよ』とは言わないし、また、聖霊によらなければ、だれも『イエスは主である』とは言えないのです」(一二・三)。

「聖霊によらなければ、だれも『イエスは主である』とは言えない」。つまり、イエス・キリストを本当に自らの主、救い主と信じ、告白する者には、確かに聖霊が与えられています。またローマの信徒への手紙にはこうあります。

「同様に、〝霊〟も弱いわたしたちを助けてくださいます。わたしたちはどう祈るべきかを知りませんが、〝霊〟自らが、言葉に表せないうめきをもって執り成してくださるからです」(八・二六)。

内なる聖霊は、祈りの霊です。「〝霊〟自らが、言葉に表せないうめきをもって執り成してくださる」とあるように、私たちを祈りに促し導いてくださるお方です。私たちを真実に神の御前に押し出し、立たせてくださるお方です。

私たちには誰しも、多くの罪があります。欠点だらけです。しかし、だから自分が天国に入れるかどうか分からないと思い悩む必要はありません。自分が本当に、神の御前に深刻な罪人であり、ただイエス・キリストがその私の救い主、主であると、心から告白できるなら、確かにその人の内には御霊が宿っています。

また私たちがどんな状況の中でも、言葉に出して祈れないような中でも、やはり神の前に立ちたい、祈りたい、祈らざるを得ないと感じ思うならば、確かにその人には神の御霊が宿っています。聖霊は私たちを、神へと、キリストへと向けさせてくださる霊です。その霊が与えられている者は、永遠の祝福が保証されています。

私たちは、もしかしたらあるかもしれない祝福にかけて、信じているのではありません。推測で信じているのではありません。私たちには、確かな保証があります。

私たちは、聖霊で証印を押されている者たちです。その確信を持って、平安と喜びに生きるようにと、私たちは召されているのです。

五章六―一〇節

ひたすら主に喜ばれる者に

それで、わたしたちはいつも心強いのですが、体を住みかとしているかぎり、主から離れていることも知っています。目に見えるものによらず、信仰によって歩んでいるからです。わたしたちは、心強い。そして、体を離れて、主のもとに住むことをむしろ望んでいます。だから、体を住みかとしていても、体を離れているにしても、ひたすら主に喜ばれる者でありたい。なぜなら、わたしたちは皆、キリストの裁きの座の前に立ち、善であれ悪であれ、めいめい体を住みかとしていたときに行ったことに応じて、報いを受けねばならないからです。

五章一節から一〇節は、人間の死後のこと、また復活のことについて教えている御言葉です。五節でパウロは、「わたしたちを、このようになるのにふさわしい者としてくださったのは、神です。神は、その保証として〝霊〟を与えてくださったのです」と述べました。キリスト者に与えられているすべての祝福は神の恵みです。そして神は、祝福にあずかることができる保証として聖霊を与えてくださいました。

聖霊の内住こそが、私たちの保証です。私たちにはそれぞれ、多くの欠点があります。罪の残滓があります。それによって、自分を苦しめることもあるし、人を傷つけることもあります。見えるところ、外に現れるところには、希望を見出せないかもしれません。しかし、そのような私たちであっても、主イエス・キリストを信じ、寄りすがり、祈る思いを与えられているならば、確かにその人の中には聖霊が与えられています。その人にはまさに、永遠の祝福が保証されているのです。

六節はこの五節を受けて、「それで、わたしたちはいつも心強いのです」と続きます。神からの永遠の祝福の保証としての聖霊が与えられている、それゆえに、「わたしたちはいつも心強い」とパウロは言います。

「心強い」と訳されている言葉は、「勇敢である、確信がある、信頼する、安心である」という意味です。パウロはここで「いつも心強い」と言いました。心強い、安心しているのは「いつも」なのです。

パウロは「いつも」激しい迫害や苦難に晒されました。それでも「いつも」パウロは心強かったのです。安心感がありました。揺るがない安心感、確信がありました。

五章一節以下は、死後のことについて書き記されている部分です。死んだ後に私たちはどうなるのか。キリスト者は死後どうなるのか。このことがあいまいであれば、私たちは決して、心強く、安心して生きることはできません。

確かにキリスト教信仰は、死んだ後のことだけを問題にするものではありません。キリストを信じていればとにかく天国に行けるからといって、ひたすらに天国のことだけを語る宗教ではありません。世捨て人になることを薦める宗教ではありません。むしろ、この世のこと、またこの世で生きることにも重大な関心を払う宗教です。神が造られた世界なのですから、そこに関心を払わないことはありません。また人間もそこで生きるべく造られたのですから、この世での生に強い関心を払います。しかしそうであったとしても、信仰の中心に、死後についての希望があることは確かです。死んだ後のことがあいまいであるならば、キリスト教信仰の中心を捉えているとは言えません。パウロは死の後のことについて、揺るがない確信がありました。何が起こっても、それが揺らぐことはありませんでした。ですから彼は、多くの迫害、苦しみにも耐えることができたのです。

このようにパウロは、死後のことについて、確信と安心感を持っていました。しかし、それには限界があることも知っていました。六節はこう続いています。

「それで、わたしたちはいつも心強いのですが、体を住みかとしているかぎり、主から離れていることも知っています」。

「体を住みかとしている」とは、この世に生きているということです。この世に生きている限り、自分は主から離れている。この場合の「主から離れている」とは、直接キリストを見、直接的なキリストとの交わりに生きているのではないということです。既にキリストとの交わりはあるわけですが、終わりの日に復活の体を与えられて、そこで与えられるような交わりには程遠いということです。その意味で、この世に生きている限り「主から離れて」います。

こうして見てきますと、キリスト者のこの世の歩みには、二つの面があることが分かります。一つは、約束と保証としての御霊が与えられている者としての安心感、確信です。それはパウロが「いつも心強い」と述べるほどに確かなものです。

しかしその一方で、なお「主から離れている」という現実があります。完成にはほど遠い自分の現実があります。そこから来る、うめき、ため息、苦しみがあります。

このようにキリスト者は「うめき」と「確信」、「安心感」と「将来への切望」という二つの面を抱えながら生きます。救いの完成を確信しながら、しかし現実の中でうめきつつ将来を切望するのです。

この二つの面を持って生きることこそ、七節にある「目に見えるものによらず、信仰によって歩む」ことだと言えます。目に見えるものによらないで歩む。それが信仰によって歩むということです。見えるものに生の土台を置かない。見えるものに生の基盤を置かないのです。

「信仰」と「見えるもの」には対立があります。この世の生活の特徴は、見えるものによって歩むことです。私たちは通常、見えるものを対象にして、それを感じ取る経験や、理性による判断に導かれて生活します。こうした経験や理性によって生きることを、聖書が否定しているわけではありません。それは大切な意味を持ちます。経験も理性も、私たちが生きていく上で不可欠なものです。

しかしそれらが、自分の生きていること、自分の生の根本的な基盤になるか、土台になるかといえば、なりません。なぜなら、見えるものがすべてではないからです。そして見えるものは、過ぎ去るものです。そして見えるものだけに集中して生きるならば、見えるものがすべてになってしまい、見えるものに囚われて、見えない唯一の神を見失ってしまうのです。

コリントの信徒への手紙一の一三章一二節には「わたしたちは、今は、鏡におぼろに映ったものを見ている。だがそのときには、顔と顔とを合わせて見ることになる」と記されていました。私たちは、今は神を、神の世界を、おぼろにしか見ることはできません。しかし天の御国においては、私たちはイエス・キリストを、また神の世界を「顔と顔とを合わせて見ることに」なります。けれども今はそのように見ることはできませんから、信仰によって生きるしかないのです。

しかし信仰によって生きるとは、決して、不確かであいまいな希望に生きることではありません。神の約束は明確に語られているのであり、また保証としての聖霊が与えられています。ですからパウロは、いつも心強い、いつも安心だと語ることができたのです。

この地上を、信仰を持って生きるということは、言葉を変えて言えば、「すでに」と「いまだ」の中間に生きることだと言えるでしょう。私たちキリスト者は現在「すでに」、霊的に主を知る者とされ、救いの確信をもって生きる者とされています。「すでに」与えられている確かな救い、霊的な恵みがあります。それは決してあいまいなものではありません。パウロが語るように、私たちを常に「心強く」しうる、実質を伴ったものです。

しかし、私たちは「いまだ」この古い世にあって、救いの完成を待ち望んでいます。「いまだ」主を、顔と顔を合わせて見ることはできません。「いまだ」、罪の残滓に振り回されて生きています。「いまだ」ですから、私たちは将来に対する希望をもって生きます。この信仰による希望をもって生きることが、見えるものに囲まれているこの世にあって、唯一、真の意味で健やかに生きる道なのです。

八節の冒頭でパウロは再び「わたしたちは、心強い」と繰り返しています。七節にありました「目に見えるものによらず、信仰によって歩む」というのは、決して頼りない歩みではありません。あいまいな、確信のない歩みではありません。

しかしそれでも、この地上は本国ではなく、この世にあっては寄留者であることに変わりはありません。それゆえパウロは八節後半でこう続けています。

「そして、体を離れて、主のもとに住むことをむしろ望んでいます」。

パウロの究極の願いは、主と共にあることでした。イエス・キリストと共にあることでした。そのためには、「体を離れること」すなわち、世を去ることも厭わないと言います。フィリピの信徒への手紙一章でパウロはこう述べました。

「わたしにとって、生きるとはキリストであり、死ぬことは利益なのです。けれども、肉において生き続ければ、実り多い働きができ、どちらを選ぶべきか、わたしには分かりません。この二つのことの間で、板挟みの状態です。一方では、この世を去って、キリストと共にいたいと熱望しており、この方がはるかに望ましい」（一・二一―二三）。

ここでパウロは、死ぬことは益だと言いました。なぜなら、死ねばイエス・キリストと共にいることができるからです。しかし、この地上に生きていれば教会のために良い働きができるから、板挟みの状態だと言います。けれども、パウロの最大の願いが、イエス・キリストと共にいることであったのは確かです。

それほどまでに、パウロはイエス・キリストを愛していました。キリストというお方は、パウロにとっては単なる救いのための手段、記号ではありません。道具ではありません。

私たちの救いは、キリストの愛によるものです。イエス・キリストが私たちへの愛のゆえに、この地上に来られ、身代わりとして十字架の上に死んでくださいました。それゆえに、私たちは救われるのですから、私たちの救いは、この愛を知り、この愛を受け止めることと一体です。つまり、救われるというのは、キリストに愛され、キリストを愛する関係に入ることです。キリストとの深い交わりに入ることなのです。

そして愛とは、相手を知りたいという情熱と一体のものです。人間の世界で考えてみれば分かりますが、愛しているということは、その人のことを知りたいということです。愛している人のことは少しでも知りたいのです。愛する情熱と知りたいという情熱は一つです。そして知りたいというのは、共にいたいということでもあります。

ですから信仰とは、キリストと共にいたいという情熱でもあります。だからパウロは、この世を去って、主のもとに住むことをむしろ望んでいます、と言ったのです。

信仰とは、乾いた知識の理解と同意では決してありません。パウロに見られるように、愛を受け止め、その方を愛するという、人格的で動的な関係です。共にいたいと強く願うような関係です。イエス・キリストを信じて、救われるというのは、そういう関係の中に入り、その関係の中に生きることです。それが主を信じて生きるということなのです。

このように主をひたすら愛していたパウロは、九節でこう続けています。

「だから、体を住みかとしていても、体を離れているにしても、ひたすら主に喜ばれる者でありたい」。

主をひたすら愛していたパウロからすれば、信仰生活の基準は、その主にひたすら喜ばれる者でありたい、ということでした。「ひたすら主に喜ばれるものでありたい」。これがパウロの一貫した願いでした。

「主がどれほど自分に恵みを与えてくれるか」という姿勢とは全く違います。「主がどれほど自分を喜ばせてくれるか」ではありません。「神がどれほどよくしてくれるか」ではありません。主が自分に何をしてくれるかに関心があるのではなくて、自分が主に喜ばれる者になりたいと願っているのです。自分が主を喜んで、主を喜ばせる者となりたいと願っています。

愛の関係とはそういうものだと思います。愛された者は喜びを感じ、相手を愛そうとします。相手を喜ばせたいと願います。パウロはキリストに愛されていることを確信していました。その愛を感じていました。ですから喜びがありました。それゆえに、主を愛して、主を喜ばせたいと願いました。ひたすら主に喜ばれる者でありたいと思ったのです。

私たちの信仰はどうでしょうか。見えるものや、人との関係ではなく、イエス・キリストとの関係において、このような愛と喜びに生きているでしょうか。そのような愛と喜びから礼拝に集っているでしょうか。そのような愛と喜びから、奉仕をしているでしょうか。

キリストとの関係が信仰の命です。私たちが自らの信仰を問うならば、この点をいつも問う必要があるでしょう。自分は、キリストとの関係において愛と喜びに満たされているかということです。それ抜きの、外形的な信仰に陥ってはなりません。

最後に一〇節の御言葉を見ておきます。

「なぜなら、わたしたちは皆、キリストの裁きの座の前に立ち、善であれ悪であれ、めいめい体を住みかとしていたときに行ったことに応じて、報いを受けねばならないからです」。

九節を受けて一〇節があります。九節でパウロは「ひたすら主に喜ばれる者でありたい」と言いました。生きることの中心は、人との関係ではなく、キリストとの関係です。そしてこのキリストとの関係が、終末において問われることになります。つまり、「わたしたちは皆、キリストの裁きの座の前に立つ」ことになるのです。

キリストを信じている者も、そうでない者も、すべての者が、終末において、キリストの裁きの座の前に立たされると聖書は述べています。キリスト者は、この裁きの座に立たないで済むと聖書は言っていません。私たちキリストを信じている者も、その座に立たなければなりません。

主の前に出頭し、そこで自分のすべてが明らかにされます。我々の実態が神によって暴かれます。ですから私たちは、この事実を念頭に置いて自らの歩みを整えていかなければなりません。

パウロはその裁きの座で、「善であれ悪であれ、めいめい体を住みかとしていたときに行ったことに応じて、報いを受けねばならない」と述べました。このパウロの言葉は、一見、彼が主張してきた信仰義認と矛盾しているように見えますが、そうではありません。パウロはなぜこう言ったのでしょうか。二つの理由があります。

一つは、自分たちにはもはや裁きは及ばないと考えて、罪の問題に無頓着になっていたキリスト者がいたことです。パウロは彼らに警告する必要を感じていました。もう自分たちは赦されており、将来の救いが確保されているとして、好き勝手な生活をしている者たちがいました。自分の都合の良いように、神の恵みを理解していた者たちです。

これはまさに、キリスト者が陥りやすい一つの傾向だと言えます。罪の赦しを聞き続けることで、自分の罪の問題から遠ざかってしまうことです。キリスト者は誰よりも、神の聖さ、神が罪を憎まれることを知っているはずでありながら、赦しのいたずらな強調によって、神の厳しさや神の聖さの感覚が鈍くなることがあります。

私たちの罪は、ただで赦されたのではありません。主イエス・キリストが命を捧げられたことによって赦されました。主イエスが尊い血を流してくださったことによって赦されました。神の御子の犠牲によって赦されました。それがなければ、私たちに罪の赦しはありません。それほどの犠牲が払われなければ、私たちが赦されることはないのです。

キリストの十字架には、神の聖さが現れています。神の罪に対する厳しさが現れています。その十字架の恵みにあずかる者が、神の聖さを侮ることは許されません。救われたからと言って、自分の罪の問題に無頓着になってはなりません。

パウロが、ここで終末の裁きに言及していることにはもう一つの理由があります。それは、私たち信仰者が地上でなすことには、重大な意味があることを知らせるためです。「善であれ悪であれ、めいめい体を住みかとしていたときに行ったことに応じて、報い」があります。つまり、私たちがこの世でいかに生きるか、何をするか、しないか。それは終末的に重大な意味を持つのです。

私たちがこの世で生きることは、この世だけで意味を持つのではありません。この世の目に見えるものがいずれ過ぎ去るように、私たちがこの世でなしたことも、それと共に過ぎ去っていく、消え去っていくのかといえばそうではありません。

パウロはコリントの信徒への手紙一の一五章五八節でこう述べました。

「わたしの愛する兄弟たち、こういうわけですから、動かされないようにしっかり立ち、主の業に常に励みなさい。主に結ばれているならば自分たちの苦労が決して無駄にならないことを、あなたがたは知っているはずです」。

キリスト者の労苦は、決して無駄になりません。私たちがこの世で主に仕えて生きることは、この世のこととして終わるのではなく、永遠の報いにつながります。それは私たちの行いが、功績になるということではありません。パウロがここで「主に結ばれているならば」と言ったように、主に結ばれているがゆえに、私たちの業は聖められます。そして受け入れられ、神の報いをいただけるのです。

キリスト者は、死んだ後に希望を持って生きる者たちです。しかし、世捨て人になるのではありません。この世で生きることに、永遠の意味を見出して生きることができます。

そして、これほどの恵みを与えてくださった、主をひたすらに喜んで生きるのです。それが、信仰に生きるということなのです。

神を信じて生きる

主に対する畏れを知っているわたしたちは、人々の説得に努めます。わたしたちは、神にはありのままに知られています。わたしは、あなたがたの良心にもありのままに知られたいと思います。わたしたちは、あなたがたにもう一度自己推薦をしようというのではありません。ただ、内面ではなく、外面を誇っている人々に応じられるように、わたしたちのことを誇る機会をあなたがたに提供しているのです。わたしたちが正気でないとするなら、それは神のためであったし、正気であるなら、それはあなたがたのためです。なぜなら、キリストの愛がわたしたちを駆り立てているからです。わたしたちはこう考えます。すなわち、一人の方がすべての人のために死んでくださった以上、すべての人も死んだことになります。その一人の方はすべての人のために死んでくださった。その目的は、生きている人たちが、もはや自分自身のために生きるのではなく、自分たちのために死んで復活してくださった方のために生きることなのです。

コリント教会には、パウロとその働きを批判する人たちがいました。その人たちがどんな人たちであったのか、正確なことは分かりません。パウロの弁明の言葉を通して、推測するしかない面があります。学者によっては、本当にそういう人たちがいたのか分からない。パウロが仮想の敵対者を描いて、議論をしているのではないかと言う者もいます。

いずれにせよ、パウロはここから議論を、自らの使徒としての働きの弁明に戻しています。その弁明を通して、単にパウロ固有の問題ではなく、キリスト者全般に当てはまる問題へと議論を展開していきます。

つまり、私たちが神を信じて生きるとは、どういうことなのか。どういう特徴を持っているのか。またどういう特徴を持っていなければならないのか。そのことを御言葉を通して考えていきたいと思います。

神を信じて生きるとはいったい何なのでしょうか。第一は、神への畏れに生きる、ということです。パウロは一一節で「主に対する畏れを知っているわたしたちは、人々の説得に努めます」と述べています。パウロは主に対する畏れを知っている人でした。それが、彼の信仰の基盤だと言ってよいでしょう。

これはパウロ固有の信仰の特徴ではなく、聖書が教えている信仰の基本だと言えます。とりわけ旧約聖書には、神への畏れという面が前面に出ています。神を畏れることが信仰であり、敬虔のすべてであったと言えます。代表的ないくつかの御言葉を読みます。

「あなたの神、主を畏れ、主にのみ仕え、その御名によって誓いなさい」（申命記六・一三）。

「あなたは、人が自分の子を訓練するように、あなたの神、主があなたを訓練されることを心に留めなさい。あなたの神、主の戒めを守り、主の道を歩み、彼を畏れなさい」（申命記八・五―六）。

「主を畏れることは知恵の初め／聖なる方を知ることは分別の初め」（箴言九・一〇）。

「味わい、見よ、主の恵み深さを。いかに幸いなことか、御もとに身を寄せる人は。主の聖なる人々よ、主を畏れ敬え。主を畏れる人には何も欠けることがない」（詩編三四・九―一〇）。

このように、律法は主を畏れることを命じ、知恵文学は主を畏れることが知恵の初めだと教えました。そして詩編は、主を畏れることが、信仰の実質であり、それが祝福の道であることをうたいました。

パウロの信仰には、主への畏れがありました。これこそ、私たちの信仰にもなくてはならないものです。キリスト教は愛の宗教と言われ、確かに新約聖書は愛を強調していると言えるでしょう。しかし、愛の強調によって、主への畏れを覆い隠してしまうなら、それは聖書を読み誤っていると言わなければなりません。

信仰を持つとは、神を畏れる人になることです。神を侮ることができない人になることです。一一節の後半に「わたしたちは、神にはありのままに知られています」とありますが、神には何も隠されたところがない、すべてが知られているということを本当に受け止めて、神を畏れることです。

聖書が教えている信仰とは、そういうものです。そしてその神への畏れを、人々に、また子どもたちに伝え、教育するように命じています。やさしい、何でも赦してくれるイエス様を伝えるだけではダメなのです。赦しだけを偏って伝えていれば、人は神を侮る者になりかねません。人間の罪とはそういうものです。どこまでも自分の都合の良いように受け止め、利用しようとします。神さえも利用しようとします。神の恵みを安っぽいものにしてしまいます。

だからこそ聖書は繰り返して、主を畏れることを強調するのです。ユダヤ教の伝統で言えば、神への畏れのない人間こそが、罪の支配下にある人間に他なりません。

聖書が教えているのは、単に、神の律法を守りなさいとか、戒めに従いなさいということではありません。イエス様を信じれば救われるという、そのことだけではありません。根源的に求められているのは、神を畏れる人になることです。そのための道を、聖書は教えているのです。

神への畏れこそが、その人の生き方を規定します。パウロはこの手紙の七章一節でこう述べています。

「愛する人たち、わたしたちは、このような約束を受けているのですから、肉と霊のあらゆる汚れから自分を清め、神を畏れ、完全に聖なる者となりましょう」。

またエフェソの信徒への手紙五章二一節にはこうあります。

「キリストに対する畏れをもって、互いに仕え合いなさい」。

神を畏れて聖なる者となりなさい、キリストを畏れて互いに仕え合いなさい、とパウロは命じました。神への畏れ、キリストへの畏れが、生き方を根源的に規定するのです。

畏れというのは、単に怖がる、恐怖ということではありません。むしろ、畏怖、畏敬ということです。それこそが、聖書が私たちに求めている信仰の核になるものです。神を畏れて生きることが、神を信じて生きることなのです。

神を信じて生きる、キリストを信じて生きるとはどういうことなのか。第二点は、外面ではなく、内面に生きるということです。一二節にこうあります。

「わたしたちは、あなたがたにもう一度自己推薦をしようというのではありません。ただ、内面ではなく、外面を誇っている人々に応じられるように、わたしたちのことを誇る機会をあなたがたに提供しているのです」。

コリント教会には、パウロに敵対する人たちがいました。パウロは彼らのことを意識して書いています。パウロはコリントの信徒たちが、パウロへの批判や攻撃に、ただ黙して従うのではなく、正当な仕方で防御し、反撃を加えられるように、その材料を提供しようとしています。

ここでパウロはその批判者たちのことを「内面ではなく、外面を誇っている人々」と呼んでいます。それがパウロの敵対者の特徴でした。ここは翻訳によれば「表面を誇って、心を誇らない者たち」とも訳されています。表面を誇る、うわべを誇る。それが、愚かな敵対者たちの姿です。

しかし、コリントの信徒たちが、この教師たちにある程度引き寄せられたことを考えれば、おそらくこの人たちにはある魅力があったのでしょう。人を引き付ける要素があったのでしょう。しかしそれはいずれも、外面的なもの、うわべのものにすぎませんでした。

人は通常誰でも、自分の持っているもの、自分に関係しているものを誇りとして生きています。自分の能力、自分の実績、自分の地位、自分の富、自分の家柄、自分の家族、自分の交友関係などです。

人間は誰でも、何かを誇りにしなければ、生きていけない存在です。自分が誇りにできるものを見出して、確認して、それを誇りにして生きていきます。しかしこうした場合に、人が誇りとするものは、いずれも外面的なもの、うわべのものです。それは人の目を引くものであるかもしれません。人が評価してくれるものかもしれません。しかし、そうした人の目を引いたり、人が評価するものに、神は目を留められるわけではありません。

ルカによる福音書一八章で、主イエスは一つのたとえを語られました。ファリサイ派と徴税人が、神殿でどんな祈りをしたかという話です。ファリサイ派は祈りました。「神様、わたしはほかの人たちのように、奪い取る者、不正な者、姦通を犯す者でなく、また、この徴税人のような者でもないことを感謝します。わたしは週に二度断食し、全収入の十分の一を献げています」。

これはもちろん、嘘ではなかったでしょう。彼は立派な人でした。申し分のない人でした。社会人としても、宗教家としても、立派でした。人々もそれを認めていました。そして彼自身は、そういう自分の立派さを誇っていました。しかし神は、彼が誇っていたそうした事柄に目を留められませんでした。

神が目を留められたのは、隣で祈っていた徴税人でした。彼は「遠くに立って、目を天に上げようともせず、胸を打ちながら『神様、罪人のわたしを憐れんでください』」と祈ったのです。この徴税人に神は目を留められました。徴税人は、何も誇るものを持たず、ただ神の前に真実にひれ伏しました。その心をこそ、神は見ておられたのです。

外面的なこと、うわべのことが、無意味だとか、軽視されるべきだと言っているのではありません。私たちが、外面的なものも含めて与えられたものを感謝して受け止め、それを生かして生きることは、当然のことですし、自然なことです。

しかし、外面的なこと、うわべのことが、自分の根源的な支えになってはなりません。外面的な何かがなければ、自分を支えられないというふうになってはなりません。それは結局、神に対する根深い自己主張になるからです。

神を信じるとは、外面ではなく内面に生きることだと言いました。内面に生きるとは、神が見ておられるその御前に生きるということです。あの徴税人の心で生きることです。

神を信じて生きるとは何かの第三点は、神に対しては熱く、人に対しては冷静に生きることです。一三節にこうあります。

「わたしたちが正気でないとするなら、それは神のためであったし、正気であるなら、それはあなたがたのためです」。

一四節にあるように、パウロはキリストの愛に駆り立てられていましたから、時に常識を超える行動もし、それゆえ彼は正気ではないという非難を浴びることがありました。たとえば、パウロが捕えられて、アグリッパ王の前で弁明したことがありました。彼は自分の回心と宣教の内容を語ったのですが、それを聞いていた総督のフェストゥスは「パウロ、お前は頭がおかしい。学問のしすぎで、おかしくなったのだ」（使徒二六・二四）と言いました。また主イエスも、人々から「あの男は気が変になっている」と噂されたことがありました。

パウロには神に対する熱い思いがありました。それゆえ、彼の言動が、しばしば正気ではない、という非難を浴びることも避けられませんでした。熱情的な気質と信仰のゆえに、そう思われて仕方がない面を、彼は確かに持っていました。

しかし、一方で彼は、まさにいつも正気でした。一三節には「正気であるなら、それはあなたがたのためです」とあるように、あなたがたのため、つまり、教会と教会の人々に対しては、常に正気でした。

教会との関係、また教会の人々との関係において、パウロはいつも冷静に、理性と知恵によって、的確な判断を下していました。コリントの信徒への手紙一の一四章一九節で彼はこう述べました。「わたしは、あなたがたのだれよりも多くの異言を語れることを、神に感謝します。しかし、わたしは他の人たちをも教えるために、教会では異言で一万の言葉を語るより、理性によって五つの言葉を語る方をとります」。

異言を語るという熱狂が教会に溢れるのではなく、知恵に基づいた理性的な言葉が教会を支配することを望みました。彼の神との個人的な関係においては、熱狂的な面があったかもしれません。おそらくあったのでしょう。しかし、教会に対しては、常に、冷静な知恵の言葉を語ったのです。

正気ではないような神に対する熱い思いを持ちつつ、しかし徹底して自分を制御して、理性と知恵によって奉仕する。これがパウロの姿勢でした。理性的に、知性的に、言葉を尽くして奉仕するのでなければ、本当の意味で、人に仕え、教会に仕えることはできません。人々を、宗教的熱狂に炊きつけるのは、結局、人のためにも、教会のためにもなりません。

神を信じる者の信仰は、神に対してはどこまでも熱く、しかし人に対しては、冷静である必要があります。これが第三の点です。

神を信じて生きる、キリストを信じて生きるとはどういうことか。第四点は、キリストの愛に支配されて生きる、ということです。一四節にこうあります。

「なぜなら、キリストの愛がわたしたちを駆り立てているからです」。

「駆り立てている」と訳されている言葉は、「しめつける、迫る、強要する」という意味を持つ言葉です。それゆえ、翻訳によればここを「キリストの愛が私たちをとりこにしている」とか、「キリストの愛が我々をしっかりとつかまえている」と訳しているものもあります。

キリストの愛に捕えられ、支配されて生きる。それがキリスト者の生き方です。捕えられ、支配されるのですから、自分ではもうどうすることもできません。いわば、その愛に押し出される形で生きている。この動詞は継続の意味を持つ現在形ですので、常に、変わらず、いつも、キリストの愛に捕らえられているとパウロは言いました。キリストの愛が、パウロの働きのすべての動機だったのです。

ではそのキリストの愛は、どこに表されているのでしょうか。一四節の後半には、こうあります。

「わたしたちはこう考えます。すなわち、一人の方がすべての人のために死んでくださった以上、すべての人も死んだことになります」。

パウロはここでキリストの死を示しています。キリストの死の意味を明らかにしています。問題の中心は、キリストの死が何を意味しているかです。キリストの死をどういうものと考えるかです。それを単なる不幸な一人の人間の死と考えるなら、キリストの愛が迫ってくることはありません。なぜなら、その死は基本的に自分には関係がないからです。

しかし、聖書が語るのは、その死は私たちの身代わりの死である、私たちの代理の死、代表としての死であるということです。

もし本当に、自分の代わりに誰かが死んでくれたとしたら、自分の生き方が変わらないでしょうか。もし自分が死刑囚であって、その執行の日に、誰かが身代わりを申し出て、自分がそれによって釈放されたなら、その後の生き方が変わらないでしょうか。身代わりになってくれた人のことを、一生思い続けるのではないでしょうか。

キリストの死は、私たちすべての人のための死でした。キリストの十字架は、私の罪のためであり、私の古い人はあの十字架で死んだのです。それがキリストの十字架の意味です。ただ私たちの救いのために、私たちが永遠の祝福を得るために、キリストは死なれました。それはただ、キリストの私たちに対する愛のゆえです。

そのキリストの愛に捕らえられ、支配されて生きるのが、キリスト者の生き方なのです。


神を信じて生きる、キリストを信じて生きるとはどういうことなのか。そのことを、御言葉を通して学んできました。最後の第五点を確認して終わりにいたします。それは、神を信じて生きるとは「キリストのために生きる」ということです。一五節を見てください。

「その一人の方はすべての人のために死んでくださった。その目的は、生きている人たちが、もはや自分自身のために生きるのではなく、自分たちのために死んで復活してくださった方のために生きることなのです」。

キリストの死の目的とは何なのでしょうか。パウロは最後に、その恵みにあずかった人の生き方にどんな意味を持つかに限定して、それを明らかにしています。すなわち、キリストの死の目的は、その人の生き方が変えられることです。自分自身のために生きるのではなく、キリストのために生きる者となることです。

人間は何のために生きるのか、人生をいかなる目的を持って生きるのか、というのは、古くて新しい問いです。「自分自身のために生きる」。多くの人にとってそれが当然かもしれません。しかし、自分のために生きることで、本当に幸いになれるわけではありません。

人のため、愛する人のため、家族のために生きる人たちは多くいます。そこにはもちろん、尊く美しい面があります。しかし、そうやって生きても、本当の意味で人のため、愛する人のためにならない場合もあります。多くのねじれた悲劇が生じているのが現実でしょう。

聖書は、一つの筋の通った生き方が本当の生き方だと言います。一つの筋とは、キリストのために生きるということです。この一つの筋の通った生き方の中で、自分自身も、愛する人たちも、家族も隣人も、位置づけられていきます。一部はキリストのため、一部は自分のため、一部は家族のためではなくて、キリストのために生きるという一本の筋道の中で、すべてのことが整えられ秩序付けられていくとき、本当の自分の生き方、本当の意味での幸いな生き方が可能になります。

それがまさに、主を畏れる生き方であり、内面に生きる生き方です。キリストの愛に捕らえられた生き方だと言えるでしょう。正気でないような、主イエスに対する熱い思いを持ちながら、しかし冷静に理性的に、現実に関わる生き方です。

「生き方」という言葉を使いましたが、聖書が教えるのは、うまく世渡りができる処世術としてのてておられます。

「生き方」ではありません。パウロは一五節でイエス・キリストのことを「自分たちのために死んで復活してくださった方」と語りました。つまり、イエス・キリストは、死んで復活されて、今も生きておられます。

それゆえ、キリストのために生きるとは、まさに、今も生きておられるキリストと共に生きることです。生けるキリストが導いてくださり、伴ってくださる生です。キリストが責任を負ってくださる生き方です。それがまさに、キリストのために生きるということです。

キリストのために生きる。キリストと共に生きる。そこにしか、本当の道はありません。そこにしか、本当の幸いはありません。その幸いに、私たちはいつも招かれています。私たちはいつも主イエスに愛されているのです。

五章一六―一七節

新しく創造された者

それで、わたしたちは、今後だれをも肉に従って知ろうとはしません。肉に従ってキリストを知っていたとしても、今はもうそのように知ろうとはしません。だから、キリストと結ばれる人はだれでも、新しく創造された者なのです。古いものは過ぎ去り、新しいものが生じた。

一六節と一七節は、直前の一四節、一五節を受けている部分です。一六節の冒頭にある「それで」はそのつながりを示しています。

「それで、わたしたちは、今後だれをも肉に従って知ろうとはしません」。

パウロは「今後だれをも肉に従って知ろうとはしない」と言います。それは「キリストの愛がわたしたちを駆り立てているから」（一四節）とも言えますし、または、キリストの死によって私たちも死んだのであるから、もはや人を肉に従って判断しても意味がないから、とも言えます（一五節）。

では、「肉に従って知る」とはどういうことでしょうか。宗教改革者のカルヴァンは、「肉に従って知る」とは、うわべの外観によって人を判断することだと言っています。カルヴァンの言葉で言えば「肉という語に、ふつう人々に尊ばれているすべての外部的な恵みの意味を含ませている」のです

（『カルヴァン・新約聖書註解Ⅸ　コリント後書』一〇〇頁）。

外面的なことで人を判断すること、また、うわべのことに基づいて人を判断すること、それが「肉に従って知る」ことです。たとえば、ユダヤ人であるか異邦人であるか、学問がある者であるか無学な者か、どんな社会的な地位にあるか等々です。

コリント教会はとりわけ外面的なことで人を判断する傾向が強かったようです。それは一つには、コリントの信徒たちは成人になってからキリスト者になった者が多かったことによります。長年、この世の価値観に支配されてきた者は、キリスト者になっても、どうしてもその価値観を引きずってしまうということはあり得ることです。もっとも、キリスト者になってからの時間が長ければ、それだけ自動的にこの世の価値観から自由になっているとは言えないでしょう。それは、どれだけ御言葉を深く学び、御言葉の教えをもって誠実に世と向かい合ったかにかかっています。

ですから、時間と比例するわけではありません。けれども、新しい回心者が多かったコリント教会が、よりこの世の価値観に支配されがちであったというのはあり得ることです。そのことが誘因となって、教会での争い、分派が起こっていたと言えるでしょう。

しかしコリントの信徒たちに限らず、人間は通常、肉の事柄に関心を抱き、それに視線を向けて生きるものです。外面的なこと、うわべのことで人を判断するものです。

パウロもかつてはそうでした。ユダヤ教徒の時代は、彼も外面的なことを尺度にして、人を評価して生きていました。しかし、イエス・キリストとの出会いによってそれが変わったのです。

なぜなら、外面的なこと、うわべのことは、人間にとって本質的なことではないからです。それは永遠につながるものではありません。一五節にあったように、そうした「古いもの」は、キリストと共に死んだと言えます。

もちろん、この世における立場や、賜物や、地位などは、この世で生きる上では大切なものですし、軽視されるべきことではありません。しかし、それがその人にとって決定的なことではありません。

パウロは「今後だれをも肉に従って知ろうとはしません」と言いました。彼は、うわべのことで人を判断しない。そしてすべての交わりを、そうしたうわべのこと、肉に属するものの上に築かないと言います。

キリストとの出会いは、人を見る見方を変えるのです。人の能力、才能、地位、実績を見るのではなく、その人の神との関係を何よりも見つめます。そして神を畏れる人、キリストを愛する人をこそ評価するのです。

パウロのその姿勢は、コリントの信徒たちとの軋轢の原因になった面があります。コリントの信徒たちが評価する人をパウロは評価せず、逆に、コリントの信徒たちが重視しなかった人たちをパウロは重視したようです。

パウロは外面的なことに捉われずに、内面の信仰を見て人を評価しました。神を畏れ、主を愛し、従うこと、それがパウロの尺度でした。そしてその尺度こそが、教会の尺度である必要があります。

このようにパウロは、今後は人を肉に従って知ることはしない、と言いますが、かつての彼は、キリストをも肉に従って判断していました。一六節の後半にはこうあります。

「肉に従ってキリストを知っていたとしても、今はもうそのように知ろうとはしません」。

パウロが熱心なユダヤ教徒であった頃、彼はまさにキリストを肉に従って判断していました。つまり、主イエスをうわべでしか見ていませんでした。主イエスは、三年間、これといったとりえもない弟子たちを引き連れて旅をし、人々を教えました。しかし結局、ユダヤ人の指導者たちの反感を買って、十字架につけられて殺されました。主イエスは律法学者でもなく、この世的な学問を修めたわけでもなく、人々から評価されるような地位もありませんでした。まさにうわべを見れば、何も評価することがありませんでした。

ところが、主イエスの死後、その弟子たちが、このイエスが復活した、この方こそ救い主メシアだ、と言い始めました。それを聞いて、パウロは激しい怒りを覚えました。なぜなら、うわべから判断するなら、イエスには何ら評価する点がなかったからです。このように、かつてのパウロは、主イエスを肉に従って判断していたにすぎませんでした。

ここで心に留めたいのは、パウロはキリストを肉に従って見ていましたが、この時彼は同時に、自分を含めて人間をも肉に従って評価していたということです。キリストを評価する視点が、そのまま人間を評価する視点になっていました。

キリストを肉に従って評価していたパウロは、彼自身、肉を誇る人でした。キリストをうわべで判断していたパウロは、人間をもうわべで判断していたのです。

かつてのパウロは、うわべのこと、外面的なことを誇る人でした。彼が誇りとしていたのは、きっすいのユダヤ人であること、ベニヤミン族に属していること、熱心なファリサイ派であり、新進気鋭の律法学者と見なされていたことです。民族や地位や世の評価という、そうした外面的なことが、彼の誇りでした。そうしたものが彼を支えていました。彼がキリスト者を激しく憎み、迫害したのは、そうした自らの誇るべき生き方を脅かす教えだと感じたからでしょう。自分の根源が否定される要素をそこに感じたからでしょう。

そして、実際にイエス・キリストと出会った時、彼のその価値観、評価の基準というものが、根底から変わりました。彼が憎み、迫害していたイエス・キリストこそが、本当の救い主だと分かったのです。自分が懸命に律法を守ることで救われるのではなくて、神の御子が身代わりに十字架で死んでくださったことによって救われることが分かったのです。

パウロはキリストを憎み、キリストの教会を憎んで迫害していましたが、その彼が裁かれ、見捨てられるのではなくて、むしろその彼に主イエスは目を留めてくださいました。彼が誇りとしていた事柄のゆえに、主は目を留めてくださったのではありません。彼がエリートであり、地位と才能があったから、主は目を留められたのではありません。

むしろそれらは、彼を主イエスから遠ざけるものとして機能していました。自分自身の中に誇りを持つ者は、神を誇る者となることはできません。パウロは、自らを誇り、主イエスを憎んでいたにもかかわらず、主に目を留めていただいたのです。罪を赦していただいたのです。

そこでパウロと主イエスとの関係は、根本的に変わりました。主イエスこそ救い主であり、自らの主となりました。そしてキリストとの関係が変わったときに、人との関係も変わりました。

肉に従ってキリストを知っていた時、パウロはやはり肉に従って人を評価していました。しかし今や、パウロは肉に従ってではなく、霊的に、霊的真理としてキリストを知るようになりました。それに伴って、人を知る仕方もまた根本的に変化したのです。

さらに、自分に対する見方も、根本的に変化しました。ユダヤ教時代のパウロは、自分の義を誇る者でした。自分がどれほど神の律法を守るのに熱心であるかを誇り、それが神に評価されていると思っていました。しかし今やパウロは自らのことを「罪人の頭」だと言います。またかつて誇っていたこと、また自らを支えていたさまざまなこと、つまり学識や実績や地位などを、「ちりあくた」だと言いました。

キリストとの出会いによって、決定的な、価値観の転換が起こったのです。キリストとの関係が変わるとき、自分との関係が変わり、人との関係が変わります。キリストは私たちを肉に従って評価されることはありません。外面やうわべに関わらず、愛されるに値するものが何もないにもかかわらず、キリストは私を愛し、罪を赦してくださいました。ならば、もはや私たちも、肉によって人を見、評価することはできません。

続く一七節は、「キリスト者とは何か」という問いに対する一つの明解な解答です。

「だから、キリストと結ばれる人はだれでも、新しく創造された者なのです。古いものは過ぎ去り、新しいものが生じた」。

キリストと結ばれる人はだれでも、新しく創造された者である。これはまさにキリスト者の本質を言い表している言葉です。まずキリスト者のことをパウロは「キリストと結ばれる人」と言っています。直訳すれば「キリストにある人」「キリストの中にある人」となります。これはパウロが好んで用いる表現です。

キリスト者というのは、単にキリストを信じている人ではありません。頭でキリストのことを理解している、それに同意している。あるいはそれを口で告白している。それらはもちろん信仰の大切な側面ですが、パウロが問題にしているのは、もっと実質的なことだと言えます。

つまり、この表現が言い表しているのは、キリストとの生命的な結び付きのことです。頭での理解や口での告白ということに留まらない、命の交流がそこにあります。まさにぶどうの枝が幹に連なっているような、命の交わり、生命的な結び付きのことが表現されています。結び付いているがゆえに、キリストの命がそこから流れ込んできて実を結ばせる。そういう生命的な結び付きを持っている人、それがキリスト者だとパウロは言います。

そしてそのようなキリスト者は、「新しく創造された者」だと言います。ここは「新しい被造物」と訳すことができます。キリスト者というのは、新しい被造物だとパウロは言います。

この「新しい」という言葉は、以前にはなかった質的な新しさを意味する言葉です。古いものを改良して新しくしたのではありません。次元の異なったあり方を意味する新しさです。

「創造」という言葉が用いられていることから、創世記に記されている最初の創造を意識しているのは明らかです。神が最初に天地万物を創造され、そして最初の人間としてアダムを創造されました。こうして人類の歴史が始まりました。

ここでパウロは「新しい創造」という言葉を使っています。つまり、イエス・キリストによる救いの出来事、それによるキリスト者の誕生というのは、あの最初の創造に匹敵するほどの重大事だと言っているのです。

いわばここから新しい歴史が始まりました。最初の人アダムは、神の戒めを守らず罪を犯し、人類はそこから罪による混迷の歩みを深めていきました。悲惨の中で、滅びに向かって歩んでいました。そうした人類を救うために、神の御子が地上に来てくださいました。そして神の御子自身が贖いの業を成し遂げて、このキリストによって誕生する新しい人たちを起こしてくださったのです。

それがキリストと結ばれる人、キリスト者です。このキリストと生命的に結び付いている人は、まさに「新しい被造物」に他なりません。古い創造に匹敵する、新しい創造が起こりました。そしてここから、新しい歴史が始まりました。終末に至る新しい時代が始まったのです。

それゆえパウロは一七節の後半で、その始まりを高らかに歌うようにこう述べました。

「古いものは過ぎ去り、新しいものが生じた」。

「過ぎ去り」は完了形ですから「過ぎ去ってしまった」と訳せます。古いものは過ぎ去ってしまいました。律法の呪いも、ユダヤ人の特権も、肉を誇ることも、罪の支配も、永遠の断罪も、キリストによって過ぎ去ってしまいました。

そして今や、キリストにある者は、新しい存在として生かされています。古いものの延長線上にある中途半端な新しさではなく、「新しい創造」と言われる、まったき新しさにあずかる者とされているのです。

皆さんの中には、「新しく創造された者」だと言われても、しっくりこない方もあるかもしれません。確かに「新しく創造された者」と言っても、見た目はあまり変わらないのです。キリスト者になって、聖化の恵みとしての変化はありますが、それは限定的だと言えます。では何が決定的に変わったのでしょうか。

決定的に変わったのは、神との関係です。神との関係が「新しい被造物」と表現されるほどに決定的に変わりました。すなわち、かつては、神の怒りの下にあった者、さばきの下にあった者が、今や神の恵みの下に置かれています。

かつては神の呪いの下にあった者が、神の愛と寵愛の下に置かれています。神の子どもとされ、神を父と呼び、近づくことができる者とされています。神とそういう関係を持つ者が生まれました。それがキリスト者です。まさに、「キリストと結ばれる人はだれでも、新しく創造された者なのです」。

新共同訳聖書は省略していますが、この一七節の後半の「古いものは過ぎ去り、新しいものが生じた」の直前に、「見よ」という言葉があります。「見よ、古いものは過ぎ去り、新しいものが生じた」。キリストによって古いものが過ぎ去って、新しいものが生じた。そのキリストの勝利に目を上げるようにという呼びかけの言葉でしょう。

キリストによって既に、新しい時代は始まり、新しい被造物としてキリスト者は生かされていますが、いまだに神の国は完成しておらず、その途上にあります。それゆえ、私たちが生きる世界は罪にまみれ、生きることは厳しく、苦しいものです。

しかしその中で、「見よ」と聖書は呼びかけます。見える現実ではなくて、神の現実を見よということです。イエス・キリストによって成し遂げられた勝利の出来事を見よということです。

既に、古いものが過ぎ去って、新しいものが生じたのです。もはや、古いものが力を発揮することはできません。古いものが私たちを支配することはできません。

私たちはキリストによって新しく創造された者です。いかなる力も、それを否定することはできません。私たちは神の御業として、新しく造られた者です。その恵みの現実、キリストの勝利に目を留めて歩む。そのような歩みに私たちは招かれているのです。

五章一八―二一節

神との和解

これらはすべて神から出ることであって、神は、キリストを通してわたしたちを御自分と和解させ、また、和解のために奉仕する任務をわたしたちにお授けになりました。つまり、神はキリストによって世を御自分と和解させ、人々の罪の責任を問うことなく、和解の言葉をわたしたちにゆだねられたのです。ですから、神がわたしたちを通して勧めておられるので、わたしたちはキリストの使者の務めを果たしています。キリストに代わってお願いします。神と和解させていただきなさい。罪と何のかかわりもない方を、神はわたしたちのために罪となさいました。わたしたちはその方によって神の義を得ることができたのです。

一七節で新しい創造について述べたパウロは、一八節から二一節で、この「新しい創造」を生み出した「神との和解」について述べていきます。「和解とは何か」がここの中心テーマです。
一八節の冒頭に「これらはすべて神から出ることであって」とあります。「これら」というのは一七節を指しているようにも読めますし、もう少し前からの部分全体を指しているようにも読めます。いずれにせよ「これら」とは、私たちの救いのことを指しています。「救い」はすべて神から出た、と言っています。

私たちの救いは、すべて神から出たものです。神が始められ、成し遂げられたものです。この理解はとても大切です。私たち人間の経験においては、自分が求めたから神が救ってくださったと感じられる面があります。しかし、私たちの救いは、自分が願ったから与えられたのではありません。自分から始まったのではありません。

人間が願うことの多くは、この世でのこと、また一時的なことです。生きていく上での不安や困難、心配なこと、そういうことから人は助けを求めるでしょう。もちろんそれは間違いではありません。しかし、聖書の救いはそこにとどまるものではありません。

聖書が約束しているほどの大きな救いを、人間の側が願い始めるということは、通常ありません。私たちの願いや視野は、かなりこの世に縛り付けられています。この世での生活における事柄が大きな比重を占めています。ですから私たちが願う救いも、そういうレベルになりがちです。

しかし、神の救いはそれをはるかに超えた大きなもの、はるかに恵み深いものです。人間の願いから始まるようなレベルの救いではありません。

救いはすべて神から始まりました。神が始められ、神が実行されました。人間の願いが救いの根拠ではありません。人間の体験や、主観的な思いが神の御業の中で用いられることはあります。しかしそれが、救いのための決定的な要因ではありません。救いは徹頭徹尾、神の業であられるがゆえに、私たちの救いは確かです。そして「和解」もまさに、神の行為です。すべてのことは、神から出るのです。

一八節から二一節には「和解」（カタラッソー）という言葉が繰り返して出てきます。「和解させる」と訳されている言葉の元来の意味は「お金を両替する」「お金に換える」ということです。さらには「一つのものを他のものと交換する」という意味も持ちました。この「交換する」という意味がさらに進んで、「敵意を友情と交換する」、つまり、一度見捨てられた人々を再び元に戻す、という意味で用いられるようになりました。

新約聖書の中でこの動詞を使っているのはパウロだけですが、パウロ以前に、既にこの動詞は和解を意味する言葉として用いられていました。そして新約聖書では、ほとんどの場合、神と人間との関係の回復の意味でこの動詞が用いられています。

神と人間の関係が回復することが和解であるということは、和解の前には、和解を必要とする状況・事実があるということです。神と人間との関係に問題がなければ、和解は必要ありません。しかし現実には、和解を必要とする事実があります。その事実が人間の罪だと言えます。

生来の人間と神との間には、平和はありません。そこにあるのは敵対関係です。私たち人間は、神なしに、自分を主人として、自分の思いのままに生きたいと願っています。そういう根源的な衝動を持っています。

神を無視して生きることが罪であることさえも分からないような鈍さを持っています。罪と言われても、何か非常に漠然としていて、なんとなく神は甘く自分を赦してくれているように思っています。罪によって、生来、敵対関係にあるということが、切実に感じられません。

しかし聖書は、罪を憎み、怒る神の姿を明確に伝えています。ローマの信徒への手紙一章には「不義によって真理の働きを妨げる人間のあらゆる不信心と不義に対して、神は天から怒りを現されます」（一八節）と記されています。聖なる神は、人間の罪を憎み、怒るお方です。神と人間の間には、人間に起因する敵対関係があります。ですから、神との和解が、人間にとって決定的に重要なのです。

ではその和解について、パウロはどのように語っているのでしょうか。

第一に、神の和解は「キリストを通して」のものであることです。一八節前半に「神は、キリストを通してわたしたちを御自分と和解させ」とあります。

神は、キリストを通して私たちを御自分と和解させてくださいました。和解の主体、主語は神です。神がキリストを通して、私たちと和解してくださいました。つまり、キリストを離れて、神と人との和解はありません。

「キリストを通して」ということは、和解は神の側の働きによるということを意味します。神が御自身の御子を遣わされ、その御子を通して和解がなされたのです。和解の道を開かれたのは神です。和解の行為をされたのは神です。神は御子キリストを通して行動されました。御子の十字架と復活によって、和解を実現されたのです。

人間の努力で、神と和解することはできません。私たちがどんなに和解のために努力しても、それで神をなだめることはできません。どんなに努力しても、それで私たちが犯した罪が消えるわけではありません。また、私たちがどんなに努力しても、自らのうちに巣くう罪の性質を消し去ることはできません。

私たちがどんなに努力して、自らを正したとしても、それで神との交わりが回復するわけではありません。和解を実現させることができるわけではありません。

神と私たち罪人との和解は、ただ「キリストを通して」なされます。キリストを離れて、神と人との和解はありません。

では、神はどのような方法で私たちと和解されたのでしょうか。最初に確認しましたように、神と人間の間の妨げになっているのは、人間の罪です。私たちの罪のゆえに、神と人間との間には敵対関係があります。聖なる神は、罪に対して怒られるお方です。

ですから、和解において一番大切なのは、その関係を妨げている罪をどう処分するか、罪をどう処置するかということです。一九節にはこうあります。

「つまり、神はキリストによって世を御自分と和解させ、人々の罪の責任を問うことなく、和解の言葉をわたしたちにゆだねられたのです」。

ここに「人々の罪の責任を問うことなく」とあります。関係を妨げているのは、人間の側の罪でした。私たちの側の罪です。神は、その罪の責任をその人に問うことをなさいませんでした。私たち一人ひとりは、根深い罪の性質を持ち、多くの罪を犯してきました。その罪に対して、責任が問われるのは当然のことです。しかし神は、その責任を問おうとはなさらなかったのです。

それは人間の側が、どうぞこの罪を赦してくださいと、責任を問わないでくださいと、お願いしたからではありません。和解は、神の行為として、神の側から始まりました。神との関係を破壊したのは私たち人間です。敵対関係を作り出したのは、私たち人間です。非があるのは、責任があるのは、私たち人間です。

通常、和解というのは、悪いことをした側から申し出るべきものです。それが当たり前です。通常、関係を修復するためには、悪いことをした側が、まず謝ることが必要です。そこから和解の一歩が始まります。それが普通でしょう。

しかし神はそうではないのです。神は、罪を犯された側、傷つけられた側であるにもかかわらず、御自身から和解を求められました。罪を犯した側が真剣に和解を求めていない時、それどころか罪におぼれ、滅びに向かって歩んでいた時、その時に、神の側が、和解のために行動を起こされました。これは驚くべきことだと言わなくてなりません。

さらに、和解の方法について、パウロは二一節でこう述べています。

「罪と何のかかわりもない方を、神はわたしたちのために罪となさいました」。

一九節に記されていた「人々の罪の責任を問うことなく」とは、決して罪の責任をあいまいにするということではありません。罪の責任は、きっちりと果たされたのです。それが二一節の内容です。

「罪とは何のかかわりもない方」、それが主イエス・キリストです。キリストは神の御子であられ、罪のない方でありました。ですから、罪を犯すことも、罪を経験することもありませんでした。罪がないということは、罪の責任もないということです。罪人が負わなければならない、罪責がないということです。

しかし神は、このお方を、私たちのために「罪となさいました」。「罪となさった」とは、端的に言えば、罪の結果を担う者とした、ということです。神は、御子キリストを、罪の結果を担う者とされました。

罪が刈り取らなければならない結果とは何でしょうか。それは神の呪いであり、死です。イエス・キリストの十字架は、まさにそういう性質のものでした。ガラテヤの信徒への手紙三章にはこうあります（一三節）。

「キリストは、わたしたちのために呪いとなって、わたしたちを律法の呪いから贖い出してくださいました。『木にかけられた者は皆呪われている』と書いてあるからです」。

キリストの十字架の死は、呪いの死でした。罪の結果を引き受ける、呪いの死でした。神の怒りと呪いを、身に受ける死でした。

神と人間の間に敵対関係があるのは、人間の犯した罪に起因していました。この人間の罪による、神と人との離反を解決するには、罪の問題が処理されなければなりませんでした。すなわち、誰かが罪の責任を負わなければなりませんでした。罪ある人は、他の人の罪を背負うことはできません。また仮に罪がなくても単なる人間であれば、他の人一人の身代わりにはなることはできても、すべての人の身代わりになることはできません。

そこで神は、御子キリストを遣わされたのです。真の神であり、真の人であるキリストが、罪となってくださったことによって、罪の結果である呪いの死を引き受けてくださったことによって、ここで初めて、私たちの罪の責任が問われないということが現実になったのです。

言い換えれば、ここで地位の交換がなされたのです。キリストと私たちとの間に交換が行われました。キリストは罪なき者であるのに神によって罪とされ、他方私たちは、罪人であるにもかかわらず、正しい者、義なる者とされたのです。

和解によって何が起こったのかということについて、二一節の後半でパウロはこう述べています。「わたしたちはその方によって神の義を得ることができたのです」。新共同訳は「神の義を得る」と述べていますが、直訳は「神の義となる」です。和解の内実は、私たちが「その方によって」、すなわちキリストによって、「神の義となる」ということです。

「神の義となる」とは、神に義とされる、神の目に義人とみなされるということです。キリストが神の義であられるように、このキリストの中にある者、キリストに結び付いている者も、神の義となるのです。

神学的な言葉で言えば、キリストの義が私たちに転嫁されるのです。キリストの義が私たちの義となる。自分で自分の義を追及するのではなく、キリストの義を受け取って、このキリストに依り頼むのです。

そこから私たちは、神の救いの力を現実的に体験していくようになります。義とされた者にふさわしい、恵みの賜物に満たされていきます。自分で自分の義を追及し、それを主張する生き方から、キリストの義をいただき、恵みの賜物をいただいて、感謝してこれを生かして生きる者となります。

神との和解とは、中途半端な和解ではありません。天国には入れてあげるけれども、地上では罪の結果を刈り取って苦しみなさいとか、天国に入る前に「煉獄」に行って自らの罪の償いをしなさい、というようなものではありません。

神は私たちの罪の責任を問わないとはっきり言われます。また、私たちを義とすると言われます。

非常に明快です。それはイエス・キリストの十字架が、私たちの救いにとって、本当に完全で十分なものだからです。そこに私たちの努力が付け加えられなければならないというものではありません。

イエス・キリストは、私たちの罪の責任を、あの十字架の上で完全に負われました。呪いの死を引き受けられました。ですから私たちはもはや、神の怒りや呪いに脅かされる必要はありません。キリストにある者は、神の義とされています。その確かさの中に生きることができるのです。

この段落でパウロが強調しているもう一つのことは、その和解の務めが自分たちには委ねられていることです。一八節の後半には「(神は)和解のために奉仕する任務をわたしたちにお授けになりました」とありますし、一九節にも「(神は)和解の言葉をわたしたちにゆだねられたのです」とあります。

この和解を宣べ伝えるために、神は奉仕者を立てられます。また「和解の言葉」とあるように、言葉によって、説教によって、この和解は宣べ伝えられていきます。それゆえ、教会の務めは「和解の務め」だと言ってもよいでしょう。キリスト教の中心、福音の中心は、神と人との関係の回復です。教会にはその和解の言葉が託されています。人々に神と和解することを勧めるのが、教会の任務なのです。

最後に一つ心に留めておきたいことがあります。パウロは二〇節の後半でこう記しています。

「キリストに代わってお願いします。神と和解させていただきなさい」。

人間をへりくだらせて「和解させていただきなさい」と訳していますが、直訳は「神と和解しなさい」です。命令形です。パウロはこれを、コリントの信徒たちに命じました。すでにキリストを信じているはずの人たちに、パウロは命じています。宗教改革者カルヴァンはこう述べています。

「パウロはこの所において、信者にむかって語りかけているのだ、ということを銘記したい。かれは、自分が日々この使信を彼らにもたらしているのだ、と明言する。イエス・キリストが死に耐え忍びたもうたのは、ただ一回かぎりでわたしたちの罪を消し去りたもうためではなく、また、福音が立てられたのは、バプテスマをさずかる前にわたしたちが犯していた罪をゆるすためだけではない。そうではなく、わたしたちは日々に罪をおかしている者であって、神は日々に罪のゆるしを果たしたまい、わたしたちを恵みのうちに受け入れていたもうのである。このことこそ、世の終わりにいたるまで、教会の中においてたえず聞かれるべき、永遠の使信であり、証言である」(『カルヴァン・新約聖書註解IX　コリント後書』一〇七頁)。

カルヴァンが言うように、私たちキリスト者の生活は、繰り返して、神の和解を受けつつ歩むものです。私たちは繰り返して失敗し、繰り返して罪を犯します。ですから、自分は本当にだめだと思ってしまうかもしれません。確かに私たちには、罪に打ち勝てない現実があります。

しかしそういう私たちに向かって、主イエスは「神の和解を受けなさい」と言われるのです。一週間の歩みの中で、多くの失敗をし、罪を犯し、まさに神に顔を上げられない思いで教会の礼拝に来る時もあるかもしれません。しかしここで私たちは、主イエスから「神の和解を受けなさい」と言われるのです。

パウロはここで「キリストに代わってお願いします」と言いました。キリストの代わりに、自分が願うというのです。つまりこれは、キリストの願いであるということです。

赦してもらわなければならない、救われなければならないのは、私たちの側です。その赦してもらわなければならない側がお願いするのではなくて、救う側が、赦す側が、願っておられるというのです。これは、本来は逆です。救われなければならない私たち以上に、キリスト御自身が、私たちに対して、救いを受けることを願っておられる。「救いを受けなさい」と言ってくださるのです。

私たちは主の日に、一週間の旅路を終えて集まってきます。その時、主イエスは、ここに集まる私たち一人ひとりに対して、一週間の歩みの何か立派な報告を求めておられるのではありません。また主イエスは、ここで私たちの罪を、一つ一つ指摘して、責められるのでもありません。「神と和解しなさい」と主は言われます。ここで、もう一度「神の和解を受けなさい」と言われます。ここで再び赦しを受けるように、主イエスは私たちを招いておられます。

ですから私たちは、惨めさを引きずったままでここに集まることができます。主イエスはここで、私たちの立派な報告を求めておられるのではありません。主イエスはここで、私たちの罪を指摘・糾弾されるのでもありません。

主イエスは、「神と和解しなさい」「赦しを受けなさい」と言われます。和解のための業を、主イエスはすでに完全に成し遂げてくださったのです。

教会はそのような「和解」を宣べ伝える場です。そして、神の和解にあずかる場です。それゆえ私たちは、この神に対する真実をもってここに集まればよいのです。

主イエスは「神と和解しなさい」と私たちに願っておられます。罪の赦しを受けなさいと願っておられます。私たちはそれに真実に答えて、神の恵みにあずかるのです。主イエスの十字架による神との和解ほど、確かなものはありません。私たちはその恵みに生かされて歩むのです。そこにこそ、本当の幸いがあるのです。

あとがき

コリントの信徒への手紙二の説教集の出版を思い立ったのは、二つの理由によります。

第一は、先年、コリントの信徒への手紙第一の説教集を出版したため、続編として第二も出した方がいいのではと考えたことです。第一の手紙の説教集は、いのちのことば社の企画として依頼されたものでした。新しい翻訳聖書『新改訳 2017』による説教集として、『教会の一致と聖さ　コリント人への手紙第一に聴くⅠ』(二〇一九年)、『キリスト者の結婚と自由　コリント人への手紙第一に聴くⅡ』(二〇一九年)、『聖霊の賜物とイエスの復活　コリント人への手紙第一に聴くⅢ』(二〇二〇年)の三巻として出版されました。幸い多くの方に読んでいただき、好意的な感想を寄せてくださる方々もおられました。その中に「第二の手紙の説教集を心待ちにしています」と伝えてくださる方がおられました。そうした声に応えようと思ったのが第一の理由です。

第二の理由は、日本語によるコリントの信徒への手紙二の説教集が非常に少ないことです。私が知る限り、藤田昌直先生(教文館、一九六七年)、竹森満佐一先生(新教出版社、一九八五年)、阿部洋治先生(聖学院ゼネラルサービス、二〇〇二年)の三冊です。二〇二一年に加藤常昭先生による『コリントの信徒への手紙二講話』(教文館)が出版されました。これはもちろんすばらしい本ですが、礼拝で語られた説教ではなく、ラジオで語られた講話を集めたものです。

コリントの信徒への手紙二の説教集が少ないのは、やはり、緒論問題が難しいからだと思われます。講解説教をする際、その問題を避けることができません。自分なりの結論がどうしても必要です。しかし、それによって説教の豊かさが決定的に規定されるわけではないと思います。この手紙には、珠玉のような美しく印象的な御言葉がたくさん含まれています。教会の礼拝の中で、その御言葉を説き明かし、会衆と共に味わってきました。その喜びを、少しでも多くの人に伝えることができればと願っています。

私は、日本キリスト改革派教会の公同礼拝の中で、コリントの信徒への手紙二の説教をしばしば語ってきました。今回の説教集は、特に千里山教会所属めぐみキリスト伝道所で語った説教原稿に基づいています。一〇人ほどの小さな群れですが、御言葉を聞く熱心さにかけては、どこにも負けないのではと感じさせる群れです。また、私が説教者として鍛えられたのは、かつて牧師をしていた園田教会の会衆によってです。改めて、二つの教会に心からの感謝を捧げさせていただきます。

教会の命は公的礼拝にあり、その中心に説教がある。それはどんな時代になっても変わらないプロテスタント教会の確信だと思います。その意味で言えば、牧師はとにかく「説教」で勝負する以外にありません。本書が、説教を語る者、また聴く者にとって、少しでも霊的益に資するものとなるなら、これに勝る幸いはありません。

二〇二三年三月　恩師である安田吉三郎先生の召天に心を留めつつ

袴田康裕

《著者紹介》
袴田康裕（はかまた・やすひろ）
1962年、浜松市に生まれる。大阪府立大学、神戸改革派神学校、スコットランドのフリー・チャーチ・カレッジなどで学ぶ。日本キリスト改革派園田教会牧師を経て、現在、神戸改革派神学校教授（歴史神学）。
著書　『ウェストミンスター神学者会議とは何か』（神戸改革派神学校、2008年）、『信仰告白と教会』（新教出版社、2012年）、『ウェストミンスター小教理問答講解』（共著、一麦出版社、2012年）、『ウェストミンスター信仰告白と教会形成』（一麦出版社、2013年）、『改革教会の伝道と教会形成』（教文館、2017年）、『教会の一致と聖さ』（いのちのことば社、2019年）、『キリスト者の結婚と自由』（いのちのことば社、2019年）、『聖霊の賜物とイエスの復活』（いのちのことば社、2020年）、『改革教会の伝統と将来』（教文館、2021年）、『ウェストミンスター信仰告白講解　上巻』（一麦出版社、2022年）ほか。
訳書　ウィリアム・ベヴァリッジ『ウェストミンスター神学者会議の歴史』（一麦出版社、2005年）、『ウェストミンスター信仰告白』（共訳、一麦出版社、2009年）、『改革教会信仰告白集――基本信条から現代日本の信仰告白まで』（共編訳、教文館、2014年）、『ウェストミンスター小教理問答』（教文館、2015年）、『ウェストミンスター大教理問答』（教文館、2021年）。

コリントの信徒への手紙二講解〔上〕1–5章

2023年6月10日　初版発行

著　者　袴田康裕
発行者　渡部　満
発行所　株式会社　教文館
〒104–0061 東京都中央区銀座4–5–1　電話 03(3561)5549　FAX 03(5250)5107
URL　http://www.kyobunkwan.co.jp/publishing/
印刷所　モリモト印刷株式会社

配給元　日キ販　〒162–0814　東京都新宿区新小川町9–1
電話 03(3260)5670　FAX 03(3260)5637

ISBN978–4–7642–6171–6　　Printed in Japan

©2023　　落丁・乱丁本はお取り替えいたします。

教文館の本

袴田康裕

改革教会の伝道と教会形成

四六判 218頁 本体1,800円

伝道、説教、礼拝、信条から、教会の社会的責任に至るまで、教会の今日的課題に取り組んだ講演8篇を収録。改革教会の伝統と神学に立脚しながらも、何よりも聖書から、混迷の時代を生きる教会への確かな指針を告げる。

袴田康裕

改革教会の伝統と将来

四六判 216頁 本体1,800円

「日本における宗教改革伝統の受容と課題」をテーマに語られた講演を中心に、天皇制の問題、日本キリスト改革派教会が女性教師長老に道を拓いた経緯、コロナ禍の考察など、現代の教会形成に不可欠な講演・論文9篇を収録。

関川泰寛／袴田康裕／三好 明編

改革教会信仰告白集
基本信条から現代日本の信仰告白まで

A5判 740頁 本体4,500円

古代の基本信条と、宗教改革期と近現代、そして日本で生み出された主要な信仰告白を網羅した画期的な文書集。既に出版され定評がある最良の翻訳を収録。日本の改革長老教会の信仰的なアイデンティティの源流がここに！

袴田康裕訳

ウェストミンスター大教理問答

新書判 152頁 本体1,400円

17世紀以来、世界中の長老教会、福音主義教会において、教会の信仰規準、また教理教育の手段として用いられてきた『ウェストミンスター大教理問答』。今日のキリスト者の霊性を具体的・実践的に養う最良の手引きと言える。

C. シュトローム　菊地純子訳

カルヴァン
亡命者と生きた改革者

四六判 176頁 本体2,200円

宗教亡命者としてジュネーヴに渡り、改革者となったカルヴァンの生涯と思想をコンパクトに解説。教会改革者・神学者・説教者・社会改革者など、多面にわたるカルヴァンの素顔を、最新の歴史学的研究から描き出す。

H. J. セルダーハウス　石原知弘訳

カルヴァンの詩編の神学

A5判 416頁 本体4,600円

詩編は魂のすべての感情の解剖図！詩編作者ダビデの中に自分自身を見出し、慰めと励ましを得ていたカルヴァン。彼の魂の遍歴と神学の全貌を『詩編注解』から読み解いた比類なき研究。

吉田 隆

カルヴァンの終末論

A5判 272頁 本体2,900円

青年期の「上昇的終末論」から、円熟期の「キリストの王国」実現という広大な幻へと展開していった彼の神学的軌跡を、『キリスト教綱要』のみならず、信仰問答・聖書注解・神学論文等を渉猟しながら歴史的に明らかにした労作。

上記は本体価格（税別）です。